「日柱（にっちゅう）」と「時柱（じちゅう）」の二柱（にちゅう）で読み解く四柱推命

はじめに

「人間は、『時柱』を目指して生きていく」――

四柱推命を個人鑑定に取り入れるようになってから、早くも15年以上が経過しました。さまざまな人の四柱推命の命式を眺めるようになってすぐに、前述したこの言葉に気がついたのです。

四柱推命は、生まれた日時による年柱、月柱、日柱、時柱の四本の柱でできた命式を出し、性格や運勢を判断する占術です。同じ命式であっても、占術家により読み方が異なります。私は四柱推命では、常に「時柱」を重視して鑑定しています。時柱には、占われる人が最も知りたい未来が表されているからです。

何故、未来が時柱の示す状況になっていくのか……それはその人が、「時柱が表す状態を、潜在的に求めているから」であると気がつきました。実は時柱は、「理想の自分」を表しているのです！

基本的に、時柱は「晩年運」を示すとされています。それは何故かというと、本人が長い年月をかけて、時柱の状態に近づこうとし続けるためなのです。

日柱は、ありのままのその人を表します。そして時柱は理想の自分像であり、憧れであり、夢でもあります。そうしたことから本書では、日柱と時柱に注目し、二柱で「夢を実現させること」の後押しをできないかと考えました。大変複雑な四柱推命の多くの部分をそぎ落とし、できるだけ簡潔にわかりやすく、その方法を記載していきます。

時柱には、あなたの夢が隠されています。ぜひ夢と理想の自分を実現させましょう！

目次

はじめに　3

第一章　基本編　13

四柱推命とは　14
本書の特徴　16
命式の構成について　19
陰陽五行説について　19
五行説とは　20
十干とは　24
各干の性質　25
十二支とは　34
各支の性質　35
通変星とは　42
各通変星の性質　43
干合について　50
空亡について　52
各空亡の性質　53
日柱と時柱の出し方　58
日柱の出し方　58
時柱の出し方　60

第二章　六十干支編　63

1 甲子 きのえね　64
日柱が甲子の人　64
時柱が甲子の人　66
甲子が時柱の人の日干別アドバイス　67

2 乙丑 きのとうし　69
日柱が乙丑の人　69
時柱が乙丑の人　71
乙丑が時柱の人の日干別アドバイス　72

3 丙寅 ひのえとら　73
日柱が丙寅の人　73
時柱が丙寅の人　75
丙寅が時柱の人の日干別アドバイス　76

4 丁卯 ひのとう　77
日柱が丁卯の人　77
時柱が丁卯の人　79
丁卯が時柱の人の日干別アドバイス　80

5 戊辰 つちのえたつ　81
日柱が戊辰の人　81
時柱が戊辰の人　83
戊辰が時柱の人の日干別アドバイス　84

6 己巳 つちのとみ　85
日柱が己巳の人　85
時柱が己巳の人　87
己巳が時柱の人の日干別アドバイス　88

7 庚午 かのえうま　89
日柱が庚午の人　89
時柱が庚午の人　91
庚午が時柱の人の日干別アドバイス　92

8 辛未 かのとひつじ　93
日柱が辛未の人　93
時柱が辛未の人　95
辛未が時柱の人の日干別アドバイス　96

9 壬申 みずのえさる　97
日柱が壬申の人　97
時柱が壬申の人　99
壬申が時柱の人の日干別アドバイス　100

10 癸酉 みずのととり　101
日柱が癸酉の人　101
時柱が癸酉の人　103
癸酉が時柱の人の日干別アドバイス　104

11 甲戌 きのえいぬ　105
日柱が甲戌の人　105
時柱が甲戌の人　107
甲戌が時柱の人の日干別アドバイス　108

12 乙亥 きのとい　109
日柱が乙亥の人　109
時柱が乙亥の人　111
乙亥が時柱の人の日干別アドバイス　112

13 丙子 ひのえね 113
日柱が丙子の人 113
時柱が丙子の人 115
丙子が時柱の人の日干別アドバイス 116

14 丁丑 ひのとうし 118
日柱が丁丑の人 118
時柱が丁丑の人 120
丁丑が時柱の人の日干別アドバイス 121

15 戊寅 つちのえとら 122
日柱が戊寅の人 122
時柱が戊寅の人 124
戊寅が時柱の人の日干別アドバイス 125

16 己卯 つちのとう 126
日柱が己卯の人 126
時柱が己卯の人 128
己卯が時柱の人の日干別アドバイス 129

17 庚辰 かのえたつ 130
日柱が庚辰の人 130
時柱が庚辰の人 132
庚辰が時柱の人の日干別アドバイス 133

18 辛巳 かのとみ 134
日柱が辛巳の人 134
時柱が辛巳の人 136
辛巳が時柱の人の日干別アドバイス 137

19 壬午 みずのえうま 138
日柱が壬午の人 138
時柱が壬午の人 140
壬午が時柱の人の日干別アドバイス 141

20 癸未 みずのとひつじ 142
日柱が癸未の人 142
時柱が癸未の人 144
癸未が時柱の人の日干別アドバイス 145

21 甲申 きのえさる 146
日柱が甲申の人 146
時柱が甲申の人 148
甲申が時柱の人の日干別アドバイス 149

22 乙酉 きのとトリ 150
日柱が乙酉の人 150
時柱が乙酉の人 152
乙酉が時柱の人の日干別アドバイス 153

23 丙戌 ひのえいぬ 154
日柱が丙戌の人 154
時柱が丙戌の人 156
丙戌が時柱の人の日干別アドバイス 157

24 丁亥 ひのとい 158
日柱が丁亥の人 158
時柱が丁亥の人 160
丁亥が時柱の人の日干別アドバイス 161

25 戊子 つちのえね 162
日柱が戊子の人 162
時柱が戊子の人 164
戊子が時柱の人の日干別アドバイス 165

26 己丑 つちのとうし 167
日柱が己丑の人 167
時柱が己丑の人 169
己丑が時柱の人の日干別アドバイス 170

27 庚寅 かのえとら 171
日柱が庚寅の人 171
時柱が庚寅の人 173
庚寅が時柱の人の日干別アドバイス 174

28 辛卯 かのとう 175
日柱が辛卯の人 175
時柱が辛卯の人 177
辛卯が時柱の人の日干別アドバイス 178

29 壬辰 みずのえたつ 179
日柱が壬辰の人 179
時柱が壬辰の人 181
壬辰が時柱の人の日干別アドバイス 182

30 癸巳 みずのとみ 183
日柱が癸巳の人 183
時柱が癸巳の人 185
癸巳が時柱の人の日干別アドバイス 186

31 甲午 きのえうま 187
日柱が甲午の人 187
時柱が甲午の人 189
甲午が時柱の人の日干別アドバイス 190

32 乙未 きのとひつじ 191
日柱が乙未の人 191
時柱が乙未の人 193
乙未が時柱の人の日干別アドバイス 194

33 丙申 ひのえさる 195
日柱が丙申の人 195
時柱が丙申の人 197
丙申が時柱の人の日干別アドバイス 198

34 丁酉 ひのととり 199
日柱が丁酉の人 199
時柱が丁酉の人 201
丁酉が時柱の人の日干別アドバイス 202

35 戊戌 つちのえいぬ 203
日柱が戊戌の人 203
時柱が戊戌の人 205
戊戌が時柱の人の日干別アドバイス 206

36 己亥 つちのとい 207
日柱が己亥の人 207
時柱が己亥の人 209
己亥が時柱の人の日干別アドバイス 210

37 庚子 かのえね 211
日柱が庚子の人 211
時柱が庚子の人 213
庚子が時柱の人の日干別アドバイス 214

38 辛丑 かのとうし 216
日柱が辛丑の人 216
時柱が辛丑の人 218
辛丑が時柱の人の日干別アドバイス 219

39 壬寅 みずのえとら 220
日柱が壬寅の人 220
時柱が壬寅の人 222
壬寅が時柱の人の日干別アドバイス 223

40 癸卯 みずのとう 224
日柱が癸卯の人 224
時柱が癸卯の人 226
癸卯が時柱の人の日干別アドバイス 227
41 甲辰 きのえたつ 228
日柱が甲辰の人 228
時柱が甲辰の人 230
甲辰が時柱の人の日干別アドバイス 231
42 乙巳 きのとみ 232
日柱が乙巳の人 232
時柱が乙巳の人 234
乙巳が時柱の人の日干別アドバイス 235
43 丙午 ひのえうま 236
日柱が丙午の人 236
時柱が丙午の人 238
丙午が時柱の人の日干別アドバイス 239
44 丁未 ひのとひつじ 240
日柱が丁未の人 240
時柱が丁未の人 242
丁未が時柱の人の日干別アドバイス 243
45 戊申 つちのえさる 244
日柱が戊申の人 244
時柱が戊申の人 246
戊申が時柱の人の日干別アドバイス 247
46 己酉 つちのととり 248
日柱が己酉の人 248
時柱が己酉の人 250
己酉が時柱の人の日干別アドバイス 251
47 庚戌 かのえいぬ 252
日柱が庚戌の人 252
時柱が庚戌の人 254
庚戌が時柱の人の日干別アドバイス 255
48 辛亥 かのとい 256
日柱が辛亥の人 256
時柱が辛亥の人 258
辛亥が時柱の人の日干別アドバイス 259

49 壬子 みずのえね 260

日柱が壬子の人 260

時柱が壬子の人 262

壬子が時柱の人の日干別アドバイス 263

50 癸丑 みずのとうし 265

日柱が癸丑の人 265

時柱が癸丑の人 267

癸丑が時柱の人の日干別アドバイス 268

51 甲寅 きのえとら 269

日柱が甲寅の人 269

時柱が甲寅の人 271

甲寅が時柱の人の日干別アドバイス 272

52 乙卯 きのとう 273

日柱が乙卯の人 273

時柱が乙卯の人 275

乙卯が時柱の人の日干別アドバイス 276

53 丙辰 ひのえたつ 277

日柱が丙辰の人 277

時柱が丙辰の人 279

丙辰が時柱の人の日干別アドバイス 280

54 丁巳 ひのとみ 281

日柱が丁巳の人 281

時柱が丁巳の人 283

丁巳が時柱の人の日干別アドバイス 284

55 戊午 つちのえうま 285

日柱が戊午の人 285

時柱が戊午の人 287

戊午が時柱の人の日干別アドバイス 288

56 己未 つちのとひつじ 289

日柱が己未の人 289

時柱が己未の人 291

己未が時柱の人の日干別アドバイス 292

57 庚申 かのえさる 293

日柱が庚申の人 293

時柱が庚申の人 295

庚申が時柱の人の日干別アドバイス 296

58 辛酉 かのとり 297
日柱が辛酉の人 297
時柱が辛酉の人 299
辛酉が時柱の人の日干別アドバイス 300

59 壬戌 みずのえいぬ 301
日柱が壬戌の人 301
時柱が壬戌の人 303
壬戌が時柱の人の日干別アドバイス 304

60 癸亥 みずのとい 305
日柱が癸亥の人 305
時柱が癸亥の人 307
癸亥が時柱の人の日干別アドバイス 308

第三章　資料編 309
全国主要都市時差表 310
日干支早見表（1916年〜2036年） 314
時干支早見表 319

あとがき 320
参考文献 322
著者紹介 323

コラム 62

第一章 基本編

四柱推命とは

6世紀から7世紀にかけて、古代中国で原型がつくられたという四柱推命（しちゅうすいめい）は、大変長い歴史を持っています。それが宋の時代に中国で『淵源子平（えんげんしへい）』『淵海子平（えんかいしへい）』という本にまとめられ、江戸時代の中期に日本に渡ってきました。それが解読されたものが原点となり、現在の四柱推命という形として、日本の中で発展していったのです。四柱推命は中国で生まれながらも、実は日本オリジナルの占術となっています。

その的中率は大変素晴らしく、生年月日を元に占う命術の中でトップクラスであるという、高い評価を得ています。実際に私自身も個人的に、有意義に活用させていただいています。本書では使用しませんが、特に10年単位の運勢を出す大運（たいうん）と、毎年の運勢を出す年運（流年）の的中率には、目を見張るものがあります。これらに関しては、長く慣れ親しんでいる西洋占星術よりも、断然当たっていると感じているのです。四柱推命は、大変信頼できる占術であると考えている次第です。

四柱推命で鑑定してもらったり、1冊でも占術本を読んだりしたことがある人であれば、年柱（ねんちゅう）、月柱（げっちゅう）、日柱（にっちゅう）、時柱（じちゅう）という四本の柱を使って占うことは、既にご存じでしょう。それぞれの柱は、上の「天干（てんかん）」と下の「地支（ちし）」という2つの漢字で成り立ち、全部で8つの漢字をベースとして占います。もともと中国では、四柱推命は「八字（パーツー）」と呼ばれていました。この四本の柱に並んだデータを、「命式（めいしき）」と呼びます。

並べられた8つの漢字だけでも大変多くの情報量が含まれ、ただ眺めているだけで、その人の人生がさまざまな角度から見えてきます。後述しますが、それぞれの漢字が木・火・土・金・水という五行のどれかに割り当てられ、そのバランスによって色々なことがわかるのです。基本的に、この五行が命式の中で偏りすぎずにバランスが取れている状態を、良しとしています。

しかし一般的な四柱推命では、それ以外にも8文字をベースに大変多くの新たな情報を引き出して、次々と付与していきます。その結果、莫大なデータを元にして、1人の人間の運勢を見ることになるのです。付与する情報とは、本書でも紹介する「通変星」、「空亡」などのほかに、本書では割愛している「十二運」、「特殊星」、「大運」、「年運（流年）」、「身強・身弱」など、たくさんの種類が存在しています。1枚の鑑定書がびっしりと文字で埋め尽くされるほどになり、すべてを手計算で導き出すのは大変時間がかかります。そして各項目が持つ意味を暗記した上に、すべて組み合わせつつ読み取らなければなりません。そうしたことから、「四柱推命は難しい」というイメージが定着してしまっているのです。

ただし、「十二運や空亡は使用しない」という占術家や、「大運は10年単位ではなく、4年単位で読む」という占術家がいるなど、それぞれ命式の読み方がバラエティーに富んでいます。例えば四本の柱が持つ意味についても、本によってまったく違っていて、四本そろって同じ意味が書かれているものが見当たりません。私自身は日頃から、「占いに『絶対にこうしなければいけない』ということはない」という信条を持っていますが、この揺るぎない体系を持つと感じられる四柱推命でさえも、かなりの自由度を含んでいることを実感しています。個人が読み取りやすい形で、楽しく四柱推命と向き合うことがベストなのでしょう。

本書の特徴

本書では、そのような複雑に入り組んでいる四柱推命の最も重要な部分に焦点を当て、誰もが気軽に、そして簡単に四柱推命を楽しめる内容にしています。

「はじめに」にも記載しましたが、私自身は四本の柱のうち、その人自身を示す日柱と同じレベルで、時柱を重視しています。時柱が非常に重要であると考えている理由は、晩年運という究極の未来を示していると同時に、その人が持って生まれた「目指すべき自分」が、そこに表れていると考えているためです。大袈裟にいってしまえば、この世に生きている使命が表れているともいえるでしょう。

鑑定を依頼されるお客様の中には、「何を目指して生きていけばいいのかがわからず、いつも不完全燃焼である」という悩みを抱えている方もいらっしゃいます。もともと心の奥底に目標や理想像があるはずなのに、それに自分自身で気がついていない状態です。時柱は、そうしたその人の目指すべき方向性を示しているのです。

もしかしたら、自分の時柱の性質を把握したとしても、ピンとこないと感じる人もいるかもしれません。それでも意識していなくても潜在的に、そうした方向を目指している……ということです。実際に時柱が示す方向を目指していくことで、真の幸福感、満足感を得られる可能性が高いのです。

一般的な四柱推命の本では、日柱は「自分自身」と「配偶者との関係」を表すとされています。

主に上の漢字の天干が自分自身を表し、下の漢字の地支が配偶者との関係を示すのです。そして時柱には、「晩年運」、「子孫」、「友人」、「恋人」、「目下の人」……という多くの意味が与えられています。私はその中でも未来を示す「晩年運」という意味が重要であると考えています。

「晩年」といっても、具体的に何歳頃からを示すと、明確に決められている訳ではありません。それ以外にも一般的に、年柱は初年運を示し、月柱は中年までの運勢を示すと決められていますが、これも具体的な年齢域は設けられていません。人によってそれぞれ推移する年齢が違っていたり、時間をかけて少しずつゆっくりと次の柱に移動していったり……という、明確に線引きができない状態であると考えています。

本書では、読者が自分や気になる人の日柱と時柱が何かを調べ、ただその干支が掲載されているページを開いて読むだけで、生涯の運勢と性格、そしてその人が目指していくべき人物像、未来に訪れやすい運勢などを、簡単に占える内容にしています。「日柱」が「ありのままの自分」であり、「時柱」が「理想の自分」です。ですから2つの柱を確認するだけで、現実と理想のギャップの大きさがわかるのも、本書の有意義な点であると考えています。それによって、実現の可能性がどれだけ高いのかも見えてくるでしょう。

晩年に向かって理想の自分を実現していくためには、ありのままの自分をどのようにして使っていくのか、そしてマイナス点だと思える部分をどのように克服していくのか……そうした点に注目して、読者の理想や夢の実現を後押ししていくことを目的としています。

年運や大運も、未来を見ていく上で大変重要であり、取り入れたい部分ではありましたが、できるだけ複雑な計算と情報をカットするために、掲載は控えました。他の四柱推命の本やインターネットでそうした情報を取り入れ、良い時期がわかるようになると、ますます理想や夢の実現がスピードアップしてくことでしょう。

まずは、四柱推命とはどのようなものか、そしてどのような要素を組み合わせたものであるかということを、必要な部分だけ解説していきます。

それらが不要で、ただご自分や気になる人の運勢を知りたいという人は、まずは58ページの「日柱と時柱の出し方」に飛び、占いたい人の日柱と時柱が何であるのかを確認してください。それをメモしておき、関連のある星のところのページの説明だけを読んでくだされば、性格や運勢を詳しく把握することができるはずです。

命式の構成について

陰陽五行説について

■陰陽説とは

四柱推命を含めた東洋占術は、主に陰陽五行（いんようごぎょう）という理論を基に構築されています。陰陽五行は、古代中国で6世紀から7世紀にかけて、その原型がつくられたといわれています。四柱推命で使用する天干と地支、そこから導き出す通変星も、陰陽五行をベースにした意味を持っています。

陰陽とは、世の中にあるすべての物事が、陰と陽に分けられるという考え方です。わかりやすい例として、昼と夜、光と影、男性と女性などが挙げられます。

太極図

しかし陰陽を表す太極図を見ると、黒い部分には白い点が、白い部分には黒い点が残されています。これは陰の中にも陽が、そして陽の中にも陰が、必ず含まれていると考えられているためです。それでも占術の中ではそうした点にこだわらず、陰と陽を明確に分ける体制が取られています。

五行説とは

五行とは、地球上にある自然のエネルギーを5つに分類して表したものです。木性、火性、土性、金性、水性の5種類で、世の中にあるすべての物事が、必ずこの5種類のどれかに分けられるという考え方です。その言葉通り、木性は植物全般であり、火性は燃えて地上を照らす火であり、土性は地面をつくる土や岩などの鉱物であり、金性は金属類全般であり、水は地上にあるすべての水を示している……と、自然界に存在するものがこの五行で網羅されています。木・火・土・金・水を、「もっかどごんすい」と頭の中に入れておくと、スムーズに覚えられるでしょう。

この五行にはそれぞれ、相性の良し悪しがあります。好ましい関係を「相生（そうしょう）」といい、好ましくない関係を「相剋（そうこく）」といいます。

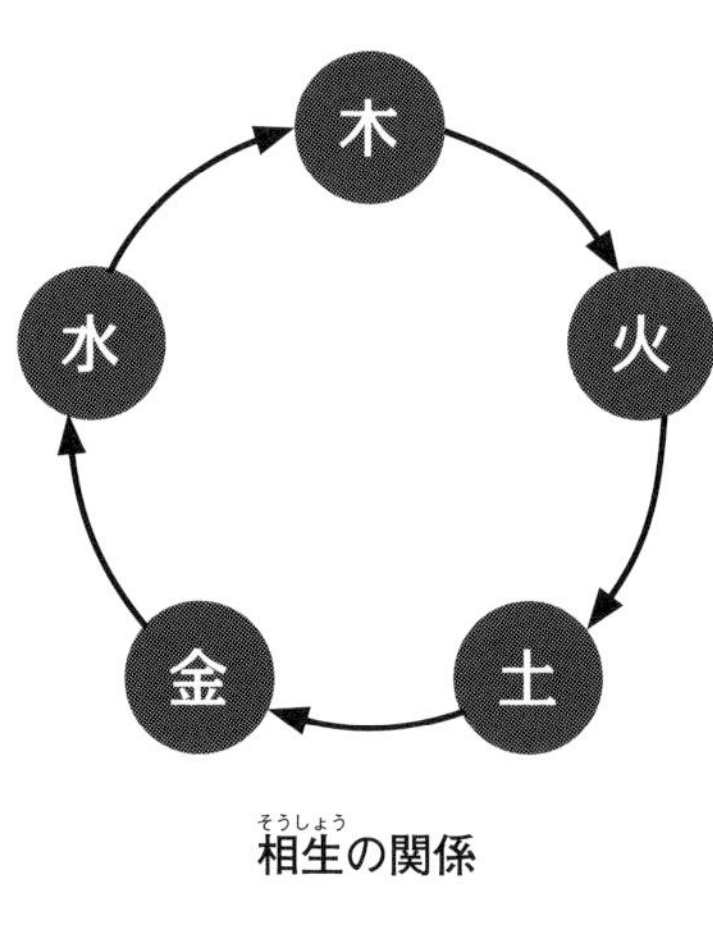

相生（そうしょう）の関係

相剋（そうこく）の関係

■相生の関係

相生の関係は、五行が良い形で循環していることを表しています。「相生の関係」の表をご覧いただくと、矢印が出ている五行が、矢印が向いている五行を助ける関係となります。助けるというより、「生み出して、強化する」と表現した方が近いでしょう。木が火を強化し、火が土を強化し、土が金を強化し、金が水を強化し、水が木を強化します。この関係は、次のような考え方になっています。

木が燃えて火が生じる。
火が燃えて灰になり土が生じる。
土から鉱物が出来上がり、金が生じる。
金が溶けて液体が生じる（もしくは熱い金が冷えると水滴が生じる）。
水が植物を育てて木が生じる。

■相剋の関係

相剋の関係は、五行が反発し合い、お互いの働きを弱めたり、悪化させたりする関係です。「相剋の関係」の表をご覧いただくと、矢印が出ている五行が、矢印が向いている五行を剋す、すなわち傷つけて力を失わせる関係となります。剋す側もエネルギーを消費して消耗し、お互いにとってマイナスとなります。木が土を傷つけ、土が水を傷つけ、水は火を傷つけ、火は金を傷つけ、金は木を傷つけます。この関係は、次のような考え方になっています。

木が土から養分を吸い取り剋す。
土が水の流れをせき止めて剋す。
水が火を消して剋す。

火が金を溶かして剋す。
金が木を切り倒して剋す。

木と木のように同じ五行同士の場合は、その関係を「比和（ひわ）」と呼びます。同じ性質のため共通点が多く、同調しやすい関係です。

こうした「相生」、「相剋」、「比和」という五行同士の関係は、四柱推命で占う場合の基本中の基本であり、大変重要なものです。一度覚えると忘れにくいので、積極的に覚えましょう。

十干とは

陰陽と五行をかけ合わせて10通りに分けたものが、命式の柱の上の天干をつくる「十干」になります。柱の上部であることから、植物に例えると土の上に出ている葉や花、実など、表に出ていて人目につき、わかりやすい部分を表しています。

この10通りの干の陰陽五行の関係は、表の通りです。

	木性	火性	土性	金性	水性
陽	甲（きのえ）	丙（ひのえ）	戊（つちのえ）	庚（かのえ）	壬（みずのえ）
陰	乙（きのと）	丁（ひのと）	己（つちのと）	辛（かのと）	癸（みずのと）

各干の読み方は、なかなか覚えにくいものです。陽干は兄であり、読み方は「え」となります。例えば、甲は「木の兄」ということで、「きのえ」と呼びます。陰干は弟であり、読み方は「と」としています。そのため、乙は「木の弟」ということで、「きのと」と読みます。

それぞれの干が持つ性質が、陰か陽の性質と、五行のどれかの性質を、かけ合わせたものとなっています。それを踏まえて、十干のイメージをしっかりつかんでおきましょう。

各干の性質

甲

独立独歩で真っすぐに伸びていく大樹

上に向かって一直線に伸びていく、大樹が象徴となっています。向上心が強くまさに一本気であり、目標を目指して突き進んでいきます。曲がったことを好まず正義感が強い、ストレートな性質です。堂々としているため頼り甲斐はありますが、やや大雑把で空気が読めず、社交好きでありながらも、人に合わせることが苦手な点は否めません。猪突猛進である分、一度挫折するとボッキリと折れた状態になり、立ち直りには時間がかかるでしょう。

大樹ですから、根がしっかりしていることが大切です。四本の柱の中に木性を持つ地支があることが大成の条件であり、なければ失敗を繰り返しやすくなります。

■他の干との関係

太陽の丙、雨の癸、湿り土の己のどれかが命式にあると、木の育ちが良くなります。絡まるツタである乙があると、エネルギーを取られて抑えられます。刃物である庚でバッサリ切られると、木材として役立ちます。

乙　力のある存在に寄り添って伸びるツタ性の植物

甲が木であれば、それ以外の植物である草花が、乙の象徴となります。特に絡みついて伸びていくツタ性の植物が、乙のイメージに近いでしょう。謙虚で目立ちませんが、柔軟性があり合わせ上手で、力のある人に寄り添い成長します。弱そうに見えても芯は強く、まるで雑草のように踏まれてもめげることなく立ち上がる粘り強さがあります。ツルが高い場所に移行して伸びるように、自分をより良い位置に導く存在を求めるしたたかさも兼ね備えています。

甲ほどではありませんが、根があることが大切です。四本の柱の中に木性を持つ地支があることで芯が強まり、自信を持って自分の力で伸びることができます。

■他の干との関係

甲と同じく、太陽の丙、雨の癸、湿り土の己が、草花の育ちを良くします。近くに大木である甲があるとツタとして絡みつき、安心して伸び続けることができます。辛の金属で、傷つけられることを恐れます。

丙　天に輝く華やかな太陽であり最強の干

天で光り輝き万物を育てる唯一の存在である、太陽が象徴となっています。圧倒的な強さと華やかさを持ち、すべての干の中で最強の存在です。性質は太陽のように明るく元気で、大勢の中にいてもパッと目立つスター性を兼ね備え、自然と表舞台を歩みます。どこでも主役になり、チヤホヤされることも多いでしょう。

ただし気分屋で自尊心が強い分、不当な扱いに腹を立てるような短気さや、飽きっぽさがある点も否めません。自分が最も正しいと感じ、人を見下す傾向にも注意が必要です。

四本の柱の中に、火性を持つ地支の根があれば安定感が生まれます。長くスター街道を走り続ける力を持てるでしょう。

■他の干との関係

十干の中で最強のため、他の干に強い影響を与えます。そばに大海を表す壬があると、キラキラと美しく輝きます。刃物の庚をよく鍛え上げ、辛があると落ち着いて、従順で慈悲深くなります。命式の中に1つあるのが良く、2つ以上あると個性が際立ちすぎて、浮いた存在になりがちです。

丁　暗闇に光を与えて知性に導く人口の火

ランプやキャンドルの小さな炎、大きなものでは火災など、人間がつくり出した火全般が象徴となっています。火の発見が人類の発展を促したように、頭が良く学問全般を好む思考型です。陰火なので、普段はあまり目立たずクールで控えめに見えますが、内面では情熱の炎を燃やしています。

用意周到に準備を進めた後、一気に燃え上がって大胆に動くことも珍しくありません。ただし内面で燃える炎が激情として悪く出ると、敵対心や復讐心となり、人を攻撃することも厭わなくなる可能性も否めません。炎を使う方向性が大切です。

四本の柱の中に、火性を持つ地支が根としてあれば、知的さを活かして人々に貢献できる可能性が高まります。

■他の干との関係

そばに燃料となる木の甲か草花の乙があると、勢いよく燃え上がります。特に刃物の庚と甲がそろうと、庚が切り倒した木材を上手く燃やすことができます。近くに太陽の丙があると、存在感が薄くなってしまいます。

戊 頑固で揺るがない頼り甲斐のある大地

どっしりとした重く固い土である大地や岩や山、頑丈な堤防などが象徴となっています。少しのことではびくともしない揺るぎない安定感を持ち、特に繊細な人にとっては安心して頼れる存在です。周りに何があっても信念を貫き通す、強固な意志があります。真面目でユーモアには欠けますが、根は温かく親分肌で、頼ってくる人の面倒を見ることを厭いません。頑固で融通が利かない点は短所ともいえ、まるで昭和の親父のようなイメージです。

四本の柱の中に、土性を持つ地支の根があることで、さらなる安定感を持てます。特に月支にあることが理想です。

■他の干との関係

命式に壬か癸もあり適度に潤うと、金運と恋愛運に有意義に働きます。同じ戊があっても動かずに役に立たず、丙の火が強いと乾燥しすぎて何も生まない土になります。陰干の乙、丁、癸とは、お互いにない部分を補い合えます。

己　養分と水分を含み万物を生育する湿った土

戊が乾いた土であれば、己は田畑で作物を育てる栄養豊富な、水分を含む湿った土です。庶民的ですが優しく世話好きで、良妻賢母のイメージに近く、万物を育てる役割を持っています。謙虚で情が深く、家族や恋人など愛する存在に献身的です。田畑が平坦であるように、冒険や変化を嫌い保守的で、何気ない日常生活を大事にするでしょう。

ただし情の深さが悪く出ると、スパッと割り切ることができず、執着心や嫉妬（しっと）心で苦しむ傾向があります。お金に対する執着心も、人一倍強い方です。

四本の柱の中に、土性を持つ地支の根があることで情緒が安定し、情の深さをプラス面で活かせるでしょう。

■他の干との関係

適度な湿り気と養分で木の甲や草花の乙を育て、丙があるとさらに生育がよくなります。しかし壬があり水が多すぎると、執着や嫉妬の悪い感情が強まり、他の干を泥で汚してしまいます。大地である戊がそばにあれば、土が強化されて安定が生まれます。

庚

容赦なく戦いを挑む切れ味の良い刃物や鋼鉄

金属の中でも硬い鋼鉄や、鋭い刃物を象徴としています。そのイメージ通り、頑固で正義感が強く、刃物がスパッと切り裂くように、何事も白黒はっきりさせたい鋭さを持つタイプです。強気な直情型で、怒りや不満を感じたり、不正を見たりすれば、容赦なく戦いを挑んでいきます。波風が立つことを厭わないファイターなのです。

言動がストレートなため、ときには人を傷つけることもあります。経験を通して自己研磨を続けることで、温和な人間関係を築くことができるでしょう。

四本の柱の中に、金性を持つ地支が根としてあれば、攻撃性が安定し、社会の改善など鋭さを活かして広く貢献できそうです。

■他の干との関係

そばに湿った土の己があると、そこから生じる強い刃物となります。炎の丁があると精錬されて形が整い、名刀となって鋭さと美しさが増します。同じ庚が並んでいるのは戦いの相となり、災いが多くなりがちです。

辛　洗練されて美しく輝く繊細な宝石や貴金属

庚が精錬の必要な硬い金属であれば、辛は既に磨かれている宝石や貴金属です。美しく貴重な高級品で、デリケートながらも高いプライドを持っています。新しいものや美しいものを好み、ダサい、汚いという雰囲気を嫌います。どのような場面でも感情をあらわにせずクールで、命令されたり人に頭を下げたりすることが苦手です。勉強好きで頭脳明晰(ずのうめいせき)なため、専門的な知識を習得して人々や社会に貢献できるでしょう。

辛は「つらい」と読むように、若い頃からの苦労人が多い傾向が見られます。それは強くないにも関わらず、自尊心を守るために凛とした姿勢を保ち、人に弱味を見せないことも一因といえます。四本の柱の中に、根として金性を持つ地支があれば、困難を乗り越え安定します。

■他の干との関係

そばに流れる水の壬があると、洗われてキラキラと輝く宝石になります。洗練を好むため、己の泥臭さを嫌います。しかし強度のある庚とは違い、そばに炎の丁があると焼かれる辛さを味わいます。命式に辛が2つ以上あると、安物の宝石のように弱くなります。

壬

ダイナミックに流れる海や川の大量の水

大海や流れる川の水、湖や池など、地上にある大量の水が象徴となっています。主にジッとせずにダイナミックに動く水であり、大胆さと度胸がある大物のイメージです。細かいことを気にせず堂々としていて人情味にあふれ、積極的に人の世話をする親切心を兼ね備えています。周りを巻き込みつつも我が道を進み、自然とリーダー役になるでしょう。

しかし、ときには荒々しい感情に飲み込まれ、周りを振り回す場面もあります。豊かで激しい感情を持つ分、マイペースさが過ぎると迷惑な存在になりやすいのです。

四本の柱の中に、水性を持つ地支の根があれば、自分の感情をコントロールできて、振り回されにくい人物になります。

■他の干との関係

そばに貴金属を表す辛があると、美しい宝石が生み出され、知的で優秀な存在として輝きます。別の壬か癸があると水分過多となり、洪水のような収集のつかない状態になります。その場合は戊が、せき止める役目を果たします。丙の力を受けると、水面がキラキラと輝きます。

癸　慈愛心と想像力あふれる繊細な水滴

壬が大量の水であれば、癸は雨や水滴、霧の水蒸気のような、細かい水分が象徴となっています。目立たず気持ちを表に出しませんが、内面には豊かで激しい感情を宿し、静かに好きな世界と向き合うことを好みます。洞察力や想像力に優れ、芸術や神秘的な世界にすんなりと馴染（なじ）みます。愛情深いため、家族や恋人など大切な人には慈愛心を発揮し、苦労を背負ってでも尽くせるでしょう。ただし感情をため込む分、ネガティブな思考に走ったり、怒りが爆発して人をバッサリと切り捨てるような、冷酷な行動を取ったりする面もあります。

四本の柱の中に、水性を持つ地支の根があれば、献身性をプラスに活かして大勢に役立てるでしょう。

■他の干との関係

最も弱いとされる干ですが、そばに水源の庚か辛があれば、元気になれます。壬があると、細かい水が海や川と合流して、大胆不敵に活動できます。植物の甲と乙には恩恵を与える分、共に手を取り発展の道を歩めるでしょう。

十二支とは

十二支（じゅうにし）とは、年賀状でよく使われる12種類の干支（えと）のことで、日本人にとっては十干よりも馴染み深いでしょう。生まれ年により、「自分はねずみ年」などと知っている方も多いのではないでしょうか。

十干が命式の柱の上の漢字であり、十二支がその下の漢字です。柱の下部であることから、主に表からは見えにくい、根本的な裏の部分を表しています。植物に例えれば、人目につかない根の部分で、表の干を支えている状態です。

十二支も十干と同じく、陰陽と五行をかけ合わせて10通りに分類されています。ただし数が多い分、土性のみ4種類となっています。この12種類の支の陰陽五行の関係は、表の通りです。

	木性	火性	土性	金性	水性
陽	寅（とら）	午（うま）	辰（たつ） 戌（いぬ）	申（さる）	子（ね）
陰	卯（う）	巳（み）	丑（うし） 未（ひつじ）	酉（とり）	亥（い）

このように10通りに分けられた干と支を組み合わせ、命式中の柱となる六十干支が出来上がります。ちなみに、10（干）×12（支）なのに何故１２０通りにならないのかというと、干と支は陽同士、陰同士の組み合わせのみであるためです。例えるなら、陽と陰の組み合わせの「甲卯」という干支は存在しません。

支が持つ性質が、陰か陽の性質と、五行のどれかの性質をかけ合わせたものであることを踏まえて、十二支のイメージをしっかりつかんでおきましょう。

各干の性質

子　活動的で情に溺れやすく恋多き傾向が

方角で北に当たる子は、十二支の中で最も強い水の気を持ちます。厳しい寒さの中の冷たい水のイメージですが、ジッとしていることが苦手で変化を好みます。水が象徴する豊かな情を持ち、激情に振り回される傾向もあります。愛情深い分、惚れっぽく、常に恋愛に縁があるでしょう。

相性の良い支…丑
相性の悪い支…午

丑　保守的で粘り強くやり抜く真面目な性質

冬から春に向かう季節の、冷たい湿った土を表します。凍る土でもあり、頑固で保守的な性質を強く持ちます。真面目で目に見える現実を重視し、何事も計画を立てて忍耐強くコツコツと取り組みます。時間はかかりますが、最後まで粘り強く進める、信頼できる性質です。

相性の良い支…子
相性の悪い支…未

寅　新芽のように勢いよく伸びる正直者

立春からの時期であり、初春の芽を表します。話好きで裏表がなくさっぱりとした、竹を割ったような性質です。グングン伸びていく出たばかりの芽のように、積極性と抜群の行動力を持ち、人に頼らず自力で進みます。目下の面倒見も良いですが、ストレートすぎて人と衝突する場面もあります。

相性の良い支…亥
相性の悪い支…申

卯　自由な行動を好む花のような社交家

方角は東に位置し、十二支の中で最も強い木の気を持っています。麗しく咲き茂る、春の草花を表しています。話好きな社交家ですが、陰のため強さには欠け、頼れる人を求めつつ行動します。その割に他から抑えられたり強制されたりすることを好まず、自由奔放に動きたいタイプです。

相性の良い支…戌
相性の悪い支…酉

辰　龍のような力で大胆さに物事を成し遂げる

春から夏に向かう時期の養分が豊富な土であり、万物を育てる力を備えています。十二支の中で唯一実在しない動物で、実直で賢く、大胆に動いて大きな物事を成し遂げる力があります。土性は勤勉さにより金運が高い傾向がありますが、この辰は特に財産を得る能力に優れています。

相性の良い支…酉
相性の悪い支…戌

巳　内面の情熱の炎が色気を高めてモテる

葉が茂る初夏の季節の火で、松明（たいまつ）のようなイメージです。一見静かでも内面では情熱が燃え盛っています。執念や情念が強く、良くも悪くも物事に執着します。それが夜遊びや色情、復讐心などを呼ぶ場合があるでしょう。色気があり異性からモテるので、恋の話に事欠きません。

相性の良い支…申
相性の悪い支…亥

午　馬のように情熱に身を任せて走り目立つ

方角では南に位置し、十二支の中で最も強い火の気を持っています。陽が極まった状態であり、ストレートで派手な言動が多く、パッと目立つスター性があります。物怖じせず情熱に身を任せて動き、開拓精神も旺盛です。ただし飽きっぽく、一度冷めると見向きもしなくなる傾向があります。

相性の良い支…未
相性の悪い支…子

未　思いやりがあり穏やかな円満主義者

午の南中を過ぎて緩やかに下降する状態で、夏の終わりの土であり、火を含むため乾いています。控えめで、物事を荒げることを好まない円満主義者。思いやりがあり、細かいところにまでよく気を遣います。弱く見えて芯は強く、目標達成のためにコツコツと忍耐強く進めるでしょう。

相性の良い支…午
相性の悪い支…丑

申　堅く見えて柔軟性とユーモア精神あり

初秋の実りの時期に入ります。外見は堅く見えても内面は柔らかく、どのような状況にもスムーズに順応できます。陽金のため白黒はっきりしていて頭が良く、好奇心旺盛でユーモアがあり、エンタメなど楽しいことや遊ぶことを好みます。マンネリを嫌い、常に新しいことに挑戦するでしょう。

相性の良い支…巳
相性の悪い支…寅

酉

鳥のように愛嬌(あいきょう)があっても冷たい一面が

方角で西に当たる酉は、十二支の中で最も強い金の気を持っています。感受性が豊かでおしゃべりや趣味など楽しむことを好み、愛嬌があります。同時に保守的で、大胆な動きは好まず受け身の傾向も。心の温かさには欠け、冷たい言葉で人を傷つけたり、トラブルになったりする心配があります。

相性の良い支…辰
相性の悪い支…卯

戌

律儀で義理人情に厚い信頼できる性質

収穫した農作物を守る、晩秋の乾いた土です。真面目で義理人情に厚く、決められたことをきっちりと守る律儀さがあります。勤勉で忍耐強いため、ひとつのことが長続きするでしょう。それが悪く出ると頑固で融通が利かない性質となり、強情さで周りを困らせることもあります。

相性の良い支…卯
相性の悪い支…辰

亥

一見控えめで従順でも豊かな感情を秘める

初冬の冷たい水で、情の深さや執着心の強さがあります。陰水でも大量の水が含まれているため、一見弱く見えても内面は強く、豊かな感情が渦巻いています。周りに素直に合わせる柔軟性があると同時に、まさに猪のように猪突猛進し、無計画にゴリ押しするような場面もあるでしょう。

相性の良い支…寅
相性の悪い支…巳

通変星とは

四柱推命では、「通変星」という10種類の星を重視して、その人の運勢を占います。その星の種類は、「比肩」、「劫財」、「食神」、「傷官」、「偏財」、「正財」、「偏官」、「正官」、「偏印」、「印綬」の10通りです。

通変星とは、命式の日柱の上の漢字である日干と、それ以外の干支との関係がどのようになっているかを表している星です。どの通変星の影響を受けているかによって、最も重要である日干の状態が、どのようになっているかを判断するのです。

本書では割愛していますが、流れてくる運勢を見る大運や年運も干支を使いますから、そこから通変星を導き出して、その10年間もしくは1年間が、どのような運勢であるのかを判断することもできます。

日柱と時柱だけを使ってわかりやすく簡単に占うことを目的とする本書でも、通変星を使用します。日柱にも時柱にも通変星が存在しているため、それも合わせて総合的に運勢を判断できるのです。ちなみに日柱の通変星は、日支の蔵干が何であるかによって決まります。時柱の通変星は、日干と時干の関係がどうなっているかにより、導き出します。

命式の中にある通変星は、その人の運勢を示すと同時に、その人の性質や行動面も表しています。前に記載した十干と十二支の性質のほかに、この通変星もそうしたことを知る上での大きな判断材料になります。

本書では、各日柱と各時柱のページに、その人の通変星を記載しています。ですから通変星の出し方についての説明は、割愛します。まずは、58ページの日柱と時柱の出し方をお読みいただいた後に、ご自分や気になる人の日柱と時柱のページに飛び、それぞれどの通変星があてがわれているのかを確認されてみてください。

次に、各通変星の性質を説明します。

各通変星の性質

比肩（ひけん）　自我が強く、誰にも頼らず自力で進む

比肩は「肩を並べる」という同等の立場や状況を示しています。日干と同じ性質で、自分自身を示すと同時に、自分と同等の位置に立つ兄弟姉妹、友人、ライバルなどを表します。自我が強く負けず嫌いで、競争で勝つことを強く望みます。逆境に強く、自らの力で困難を乗り越え、何事にも果敢に立ち向かっていきます。周りに頼らず自力でやり遂げる強い意志がありますが、他者との関係を構築することを苦手とし、孤独に陥りがちです。

独立心が旺盛で人に使われることを好まないため、会社勤めよりもフリーランスや社長として成功します。女性でも結婚後も仕事を続け、バリバリ活躍するでしょう。

劫財（ごうざい） 執念と野心で大きな目標を達成する

比肩と兄弟星で、義理の兄弟姉妹や同僚を表し、すべての通変星の中で、良くも悪くも最も強い力を持つとされています。

比肩と同じく自我の強い星ですが、ストレートな性質の比肩より、ひねった形で出がちです。外面は柔和で穏やかですが、内面は妥協を好まず頑なであるという二面性があります。プライドが高く、悪い形で出ると人を見下したり、闘争心から相手をやり込めたりと、人間関係が不穏になりがちです。執念と野心は強く向上心がありますから、目標を達成して社会的に成功することは可能です。高い目標を目指して独りで一直線に突き進むと、良い結果を出せるでしょう。

食神（しょくじん） 衣食住に困らず趣味や遊びで豊かに過ごす

日干が生じる星で、自分で生み出すものを示します。自分のエネルギーを外に出して弱まる分、別の何かが増えます。それは衣食住や財産であり、生涯食べることには困らないという物質的な豊かさを持っています。

性質はゆったりしていて楽観的で大らかで、温かさと包容力があります。楽しむことが好きで、趣味やレジャーで人生を豊かにするでしょう。

ただしラクを求める姿勢が強く、いざというときの闘争心や瞬発力には欠け、動かなくても何かを期待する受け身の姿勢になりがちに。悪く出ると享楽的な生き方に走り、真面目に働くことを拒む傾向もあります。中年以降は太りやすいのでご注意ください。

傷官(しょうかん)　優れた知性を活かし専門分野で成功する

食神と同様に日干が生じる星で、自分自身を弱める作用があります。性格や気分にムラがあり素直になりにくく、協調性に欠け、余計な言葉で人を怒らせたり、反発的な態度を取ったりしがちです。頭が良く専門的な技術や技芸、知識を身につけられますが、規律などの決まり事は苦手なため、自由業で成功するでしょう。

知的に優れている分プライドが高く、人を見下したり、目上の人にも反抗したりするところがあります。無意識のうちに自分の高さを見せつけて人を不快にするなど、いわゆるマウントを取りやすいのもこのタイプ。そうした言動から人の援助を得にくく、苦労が多くなりがちです。生涯を通して内面磨きが必要となります。

偏財(へんざい)　社交性とサービス精神で商才を発揮できる

日干が剋すものが偏財であり、自分が支配できるものを表します。その代表が、働いて得たお金、財産です。

商才に優れて金銭的に恵まれますが、次に述べる正財のような安定収入ではなく、才能を駆使してドカッと大金を得るような、動きが不安定なお金になります。常に忙しく動き回っていて散財も多く、お金の出入りは激しいでしょう。性格は明るく社交的で、サービス精神が旺盛です。ファッションに気を遣い、やや派手好きな面があります。

命式の中に偏財が複数あると、さらに華やいだ雰囲気となります。男性は女性からモテて、女性は恋愛欲が強まり恋愛遍歴を重ねがちです。

正財(せいざい) 勤勉さと倹約でコツコツと財を築き上げる

偏財と同じく、日干が剋している星です。出入りの激しい偏財のお金と違い、会社などで真面目に働きコツコツ地道に稼いだり貯めたりした、安定感のあるお金のことを表します。

性格は几帳面(きちょうめん)で誠実で、規則などをきちんと守る信頼できるタイプです。働き者ですが、枠のない不安定な自由業より、枠にはめられている安定感の強い会社員で本領を発揮できます。経済観念が発達していて、真面目に働く上に倹約しますから、着実に財産が増えて、時間が経つごとに巨大な富に成長するでしょう。真面目すぎて融通が利かず、遊び心が足りずに面白味に欠ける点は、改善すべきだといえそうです。

偏官（へんかん）

チャレンジ精神と決断力で改革を起こす

日干を剋す星で、自分自身が従うものであり、規律や法律、ルールなどを示します。「官」には公的な役目という意味があり、大変仕事好きです。しかし偏官は官が偏っている意味ですから、常識から外れた独自のやり方で直情的に進むでしょう。そのため、出る結果は良かったり悪かったりと粗（あら）があります。

性格は豪快でバイタリティーがあり、親分肌でチャレンジ精神が旺盛です。この星は「革命の星」ともいわれ、既存の常識を打ち破っていく決断力の強さもあります。頼られると面倒見は良いですが、権力者や目上には歯向かう傾向があります。悪く出ると短気で強引で暴力的となり、敵をつくることも多いでしょう。

正官（せいかん）

組織の中で努力し高い地位や名声を得る

偏官と同じく、日干を剋す星です。偏官が決まり事に反発しやすいのに対して、正官は管理されることを喜び、規則や組織の中で安心して本領を発揮します。偏官と同じく仕事熱心で、性格は礼儀正しく理知的です。決められたことに真面目に取り組む会社員タイプです。勤勉に努力しますから、着実に社会的に成功し、自然な流れの中で高い地位や名声を得るでしょう。

正義感が強くて曲がったことを嫌い、常に正しい道を歩んでいく姿勢があります。それが悪く出ると人情に欠けて人に厳しくなったり、融通が利かずに堅苦しくなったりしがちです。生真面目さから家庭よりも仕事を優先し、家族を寂しがらせる傾向もあります。

偏印(へんいん) 豊かな個性と天才的な才能で成功する

日干を生じる星であり、自分自身が豊かになる星です。主に自分に何かを与えてくれる人や母を示します。

好奇心が強く感受性が豊かで、芸術や芸能など専門的な分野で、天才的な才能を発揮します。趣味や副業が、専門職に発展するという人も多いでしょう。目上から可愛がられて多くを与えられますから、必死になって努力をしなくても成功をつかめます。

ただし誰かに何とかしてもらおうとする依存心が強く、受け身になる傾向も見受けられます。豊かな個性を持ち天才肌である分、空気を読んで合わせるような社会性に欠けるでしょう。悪く出ると文句ばかりで努力をしない、熱しやすく冷めやすい……となりがちです。

印綬(いんじゅ) 頭脳明晰で何事も順調に進む恵まれた星

「印綬」とは、古代中国での印章を授ける制度のことで、地位の高さや名誉を表します。すべての通変星の中で、最も恵まれた星とされています。偏印と同じく日干を生じて豊かにする星ですが、自由な偏印よりも伝統や古典を重んじるイメージがあります。

頭脳明晰で思慮深く聡明であり、勉強熱心で、学問や研究に積極的に取り組みます。知性を駆使して何をしても順調に進み、高い評価を受けて名誉を得るでしょう。

ただし何かと恵まれている分、自信過剰に陥ってしまうと、自己中心的になったり我を押し通したり、人を見下したりしがちです。順調に進んでいるときほど、謙虚さを忘れないことが大切です。

干合について

干合（かんごう）とは、命式の中で隣り合った干と干がつくる、ひとつの関係性を示します。また、大運や年運で回ってくる干により、つくられることもあります。次に記載する5種類のものが、干合する組み合わせになります。

甲―己
乙―庚
丙―辛
丁―壬
戊―癸

これらの組み合わせが命式の中で並んでいると「干合する」といい、2つの干が作用し合うことを意味しています。本書では日柱と時柱を使って占いますから、日干と時干が干合しているかを確認します。

干合するのは正反対の性質を持つ干同士であり、正反対だからこそ、お互いにないものを求めて引き合いくっつくと考えます。干合すると、その干は力を失うという説がありますが、本書では恋愛関係に近いものと考え、２つの干が協力し合うというポジティブな意味を持たせて解釈します。干合したものが他の五行に変化する場合があり、それを「合化」と呼びます。ただしその変化が起こるかどうかは、命式の月支が何であるかを確認しなければなりません。本書では月柱は出さないため、合化については割愛します。

　ご自分の日柱と時柱を導き出したら、干合しているかどうか２つの干をチェックしてみてください。

空亡について

「空亡」とは「空しく亡びる」という意味であり、その言葉通りに物事が実りにくく、虚しさを感じる時期であるとされています。「子丑空亡」、「寅卯空亡」、「辰巳空亡」、「午未空亡」、「申酉空亡」、「戌亥空亡」と全部で6種類あり、占う人の日柱から、どの空亡なのかを導き出すことができます。

空亡の期間は積極的に動いても空回りしやすいため、会社設立や開業、結婚、新築など、人生上の大きな出来事は避けた方がいいとされています。大胆に何かに挑戦するような、目立つ行動も控えた方がいいでしょう。かといって何もせずに過ごすのではなく、内面を充実させることに適した時期です。コツコツと人知れず勉強や何かの練習を重ねたり、人をサポートすることにエネルギーを使ったりするとよいでしょう。

空亡の期間は、12年中2年間、1年の中では2か月間あります。注意しておきたいのは、東洋占術の1年間は、2月頭の立春から始まり、同じく2月頭の節分で終わるという点です。ですから空亡の年も、立春から節分までとなります。例えば子丑空亡の人は、最近では２０２０年2月4日から２０２２年2月4日明け方までが空亡でした。そして、2か月間ある月の空亡は、節入りから次の節入り直前までになります。例えば２０２３年では、辰巳空亡の人は4月5日から6月6日の間が空亡の期間です。節入日は毎年微妙に変わりますので、ご面倒をおかけすることになりますが、市販の暦などでご確認ください。それ以外にも日や時間の空亡もありますが、ここでは割愛します。

各日柱のページに空亡の種類を記載していますので、ご自分の日柱がわかったらそのページへ飛び、どの空亡に当てはまるのかをご確認ください。

それぞれの空亡にも性質があり、ざっくりとした相性があります。例えば、同じ空亡の人は価値観が似ているため、相性が良いといわれています。次に、そうした空亡の種類別の性質を記載します。

各空亡の性質

子丑空亡（ねうしくうぼう）　自力で開拓して着実に進む大器晩成型

父親や目上に関する運が欠けているため、そうした人達と縁が薄くなりがちです。実力者に頼りにくい分、自分の力で何かを興すことから「初代運」と呼ばれています。商人としての才能があり、両親から早く離れるほど成功するでしょう。

性質は穏やかで謙虚ですが、未来への夢を持ち、真面目な努力型で時間をかけて物事を成し遂げます。若い頃は苦労をしても、次第に良い状態に上り詰めていく大器晩成型です。愛情は深く、結婚後は家族に献身的に尽くすでしょう。

空亡の年…子年と丑年
空亡の月…12月と1月
相性の良い空亡…子丑空亡、寅卯空亡
相性の良くない空亡…午未空亡

寅卯空亡（とらうくうぼう）

最もパワフルで結婚後に幸せをつかむ

母親や兄弟姉妹、友人に関する運が欠けているため、そうした人達に頼ることができません。援助を得にくい分だけ独立心が強く、6つの空亡の中で最もパワーが強いとされています。考えるスケールが大きく大胆ですが、大雑把で勢いで動く傾向があります。男性よりも女性の方が、パワフルであるといわれています。

この空亡の人にとって恋愛と結婚が大事であり、心の安息の場となります。パワーがある分、恋多き人ですが、早く結婚した方が充実した人生を歩めるでしょう。

空亡の年…寅年と卯年
空亡の月…2月と3月
相性の良い空亡…子丑空亡、寅卯空亡
相性の良くない空亡…申酉空亡

辰巳空亡（たつみくうぼう）

現実を重視し頑固で雑草のような性質

心の世界に関する運が欠けているため、精神的な物事より、目に見える現実を重視します。寅卯空亡に次いでパワフルで、理屈ではなく経験により判断し、行動力に優れています。頑固で周りに迎合せずに打たれ強く、「雑草のよう」という言葉がピッタリです。ただし人の気持ちに鈍感で、ロマンに欠ける傾向もあります。

現実的なため、よく働く上に経済観念が発達していて、お金には困らないでしょう。愛情や感謝は、言葉や態度よりも「モノ」で伝える点も特徴的です。

空亡の年…辰年と巳年
空亡の月…4月と5月
相性の良い空亡…辰巳空亡、午未空亡
相性の良くない空亡…戌亥空亡

午未空亡（うまひつじくうぼう）

勉強好きで目上の援助により地道に進む

子供や目下に関する運が欠けているため、そうした人達と縁が薄くなりがちです。そのため、家系の最後をまとめる「末代運」と呼ばれています。その代わり目上運には恵まれ、実力者からの援助を得て、何事もスムーズに進むでしょう。

性質は繊細で、生涯を通してコツコツと地道な努力を重ね、特に学ぶことに力を入れます。知的能力に優れて空気を読み、合わせ上手ですが、心は自分の殻にこもって孤独感を抱える面も。独りで過ごすことを好む傾向もあります。

空亡の年…午年と未年
空亡の月…6月と7月
相性の良い空亡…辰巳空亡、午未空亡
相性の良くない空亡…子丑空亡

申酉空亡（さるとりくうぼう）

社会活動に力を注ぎ、休まずによく動く

家庭や配偶者、休息に関する運が欠けているため、そうした人達との縁が薄く、そして休むことなくよく動きます。家庭での安息を得にくい分、社会貢献という外に向かってエネルギーを注ぐのです。ひとつに集中するだけではなく、複数のことを同時進行するアクティブさと、視野の広さがあります。その割には落ち着かずにどれも最後まで全うできず、中途半端になる点は否めません。

配偶者との縁は薄くても、子供との縁は強い人です。子供によって人生が大きく左右するでしょう。

空亡の年…申年と酉年
空亡の月…8月と9月
相性の良い空亡…申酉空亡、戌亥空亡
相性の良くない空亡…寅卯空亡

戌亥空亡(いぬいくうぼう)

理想や空想を追い求めるカリスマ的な性質

精神と現実の交わりの部分が欠けているため、現実味が薄く夢見がちです。常に理想や空想を追い求め、精神世界に関心を持ちます。感受性が豊かでデリケートな分、感情の起伏が激しく、現実的な状況判断ができずに妄想に振り回されることもあるでしょう。その不思議な雰囲気が、周りにはカリスマ的に見えるのです。

孤独を抱えながらも独りの環境を通して、人生が豊かになっていきます。若い頃は理想と現実のギャップに悩みますが、年齢を重ねるごとに多くを学び、安定するでしょう。

空亡の年…戌年と亥年
空亡の月…10月と11月
相性の良い空亡…申酉空亡、戌亥空亡
相性の良くない空亡…辰巳空亡

日柱と時柱の出し方

さあ、それでは自分や気になる人の日柱と時柱を出してみましょう！　正確な運勢を出すために少し計算が必要ですが、それほど難しくはありません。小さなメモを用意して、次のやり方にしたがってください。

日柱の出し方

日柱を出す場合でも、まずは出生時間の調整が必要になります。特に出生時間が23時台から0時台の人は、出生時間を調整することによって出生日が変わる場合がありますので、しっかり行いましょう。

まずは、自分や占いたい人の出生時間を用意します。次に、本書の資料編の３１０ページにある、「全国主要都市時差表」をご覧ください。その表から、出生地に最も近い場所を探します。例えば東京都立川市出生であれば、表の中の「八王子」が最も近くなります。その表に書かれている数字を、出生時間に加えます。例えば出生地が長崎の人で、0時25分生まれであれば、表の「長崎」に書かれている「マイナス20分」を加えます。つまり、20分を引いて0時5分生まれということになります。

これが、この人にとっての四柱推命で使用する正式な出生時となります。０時前後の生まれの人は、出生日が変わる可能性があるのでご注意ください。この日時をメモしておきます。

最後に、同じく資料編の３１４ページにある、「日干支早見表（１９１６年~２０３６年）」をご覧ください。この表の縦軸が出生年、横軸が出生月になっています。自分や占いたい人の出生年を縦軸から探し出し、先ほど出した月日を使って横軸から出生月を選びます。12月31日や1月１日生まれの人は、時間の調整により出生年まで変わる可能性がありますから、ご注意ください。

その交差した場所に書かれている数字を確認します。そしてその数字に、出生日を足します。

例えば25日生まれなら、交差したところにある数字に25を足すということです。足したときに61を超える場合は、そこから60を引いてください。例えば表の数字が50であれば、出生日の25を足して75になります。そこから60を引き、15という数字を出します。この数字が、占いたい人の日柱を示す数字になります。

本書での各日柱の説明は、出したこの数字順に並んでいます。その数字は各ページの頭に大きく書かれていますから、それを見ながら該当する数字のページをご覧ください。そこに書かれているのが、その人の日柱です。例えば計算して15の数字が出たのであれば、１２２ページに記載されている「戊寅」が、その人の日柱ということです。

次の時柱の説明のところにも、干支の一覧表を記載していますので、そちらでもご確認ください。

時柱の出し方

ここでも、先ほど計算で出した出生日時が必要になります。しっかりと計算して日柱を出したのであれば、後は簡単です。

資料編319ページにある「時干支早見表」をご覧ください。縦軸が出生時間を表し、横軸は日柱の上の漢字の日干を表しています。

先ほど出した出生時間を使って縦軸を選び、先ほど出した日柱の日干を使って横軸を選びます。その交差した場所に書かれている2つの漢字が、その人の時柱ということになります。

先ほどの日柱が「戊寅」の人の例では、出生時間が23時58分と仮定すると、日干「戊・癸」と「23時〜23時59分」が交差した位置に書かれている「甲子」が、時柱ということになります。

本書での各時柱の説明は、日柱と同じところに記載されています。日柱と時柱の干支の順番は、次の表を使ってご確認ください。例えば時柱が甲子であれば、「甲子」の中の、時柱についての説明ページをお読みください。

番号	日柱・時柱
1	甲子（きのえね）
2	乙丑（きのとうし）
3	丙寅（ひのえとら）
4	丁卯（ひのとう）
5	戊辰（つちのえたつ）
6	己巳（つちのとみ）
7	庚午（かのえうま）
8	辛未（かのとひつじ）
9	壬申（みずのえさる）
10	癸酉（みずのととり）
11	甲戌（きのえいぬ）
12	乙亥（きのとい）
13	丙子（ひのえね）
14	丁丑（ひのとうし）
15	戊寅（つちのえとら）

番号	日柱・時柱
16	己卯（つちのとう）
17	庚辰（かのえたつ）
18	辛巳（かのとみ）
19	壬午（みずのえうま）
20	癸未（みずのとひつじ）
21	甲申（きのえさる）
22	乙酉（きのととり）
23	丙戌（ひのえいぬ）
24	丁亥（ひのとい）
25	戊子（つちのえね）
26	己丑（つちのとうし）
27	庚寅（かのえとら）
28	辛卯（かのとう）
29	壬辰（みずのえたつ）
30	癸巳（みずのとみ）

番号	日柱・時柱
31	甲午（きのえうま）
32	乙未（きのとひつじ）
33	丙申（ひのえさる）
34	丁酉（ひのととり）
35	戊戌（つちのえいぬ）
36	己亥（つちのとい）
37	庚子（かのえね）
38	辛丑（かのとうし）
39	壬寅（みずのえとら）
40	癸卯（みずのとう）
41	甲辰（きのえたつ）
42	乙巳（きのとみ）
43	丙午（ひのえうま）
44	丁未（ひのとひつじ）
45	戊申（つちのえさる）

番号	日柱・時柱
46	己酉（つちのととり）
47	庚戌（かのえいぬ）
48	辛亥（かのとい）
49	壬子（みずのえね）
50	癸丑（みずのとうし）
51	甲寅（きのえとら）
52	乙卯（きのとう）
53	丙辰（ひのえたつ）
54	丁巳（ひのとみ）
55	戊午（つちのえうま）
56	己未（つちのとひつじ）
57	庚申（かのえさる）
58	辛酉（かのととり）
59	壬戌（みずのえいぬ）
60	癸亥（みずのとい）

COLUMN

時柱は、理想の自分像を表すと同時に、「理想の恋愛相手」も表しています。時柱が示す人物像は「尊敬できる人」であるため、独身者であれば自然と恋心を持つ場合が多いのです。例えば時柱が甲寅の人なら、明るくカラッとした、竹を割ったようなタイプに恋心を抱きやすいでしょう。ですから相性を占う場合は、自分の本質を表す日柱と、相手の理想を表す時柱の性質が、どれだけ似通っているかを調べるといいのです。似ていれば、相手がありのままの自分を尊敬し、愛してくれる…と判断できます。

結婚相手の性質は、日支が示すことは記載しました。時柱と日支の性質が似ていれば、夫婦になってても配偶者にときめきを感じ続けられるでしょう。しかし、例えば日支が真面目な丑で、時柱が個性が際立つ庚申だったとします。そうすると、結婚相手と恋愛相手の性質が大きく食い違ってしまいますね。

よくいわれるのは、熱中するほど好きな人が、結婚相手に相応しくない場合が多々ある……ということ。結婚は家族になることであり生活ですから、安心感を持てる人が適しています。日支は、そうした相手を示しているのです。

日支と時柱の性質に開きがある場合、結婚後は時柱を配偶者以外の何かで埋める必要が出てきます。それは趣味に情熱を燃やすことかもしれませんし、本文に記載した「理想の自分になる」という目標を掲げ続けることかもしれません。結婚後の恋愛は難しいですから、別の何かで時柱をフル活動させることで、心が満たされる日々を送れるのです。

第二章
六十干支編

1 甲子 きのえね

日柱が甲子の人

通変星…印綬
空亡…戌亥空亡

◇性格

明るく爽やかに見えても内面は豊かな情にあふれ、純真でロマンチストです。単純で隠すことなくストレートに自分を出し、大切な人には喜怒哀楽をはっきり見せるでしょう。目立とうと思わなくても自然と目立ち、大勢に好かれるタレント性があります。

壁をつくらない分、周りの反応に傷つくことも多く、その経験は内面を磨くことに役立ちます。頭の回転が速く話し上手な社交家ですが、感情に振り回される点は難点だといえそうです。

◎運勢

深く考えずにその場の感情で動くことから、波風の大きい人生になりがちです。ただし周りに助けられるという福運があり、困ったときには誰かが手を差し伸べてくれるでしょう。そのため、極端に困るような場面はありません。

若い頃は勢いだけで順調に進めますが、年齢を重ねるごとに創意工夫をする知恵を身につけることが大切です。

◎結婚運

配偶者を表す日支の子が、自身を示す日干の甲に大量の水を注ぎます。すくすくと大木が育ち、深く愛されて心豊かに過ごせるという、幸せな結婚生活を送れるでしょう。

独身の頃は激しい恋愛感情に振り回されて疲弊しがちですが、結婚後にようやく人生が安定するのです。結婚後は部屋づくりやガーデニングを楽しむような、明るい家庭になるでしょう。

配偶者に適しているのは、経済的に豊かな人よりも、一途な愛情を持ち寛大な人になります。

日柱が甲子の有名人……生田絵梨花　工藤静香

時柱が甲子の人

◇理想の自分や憧れること

寛大で明るく素直な自分になることを、心の底で目標としています。社交上手で誰にでも心を開き、大胆な意見を物怖じせずにはっきりと述べ、ストレートに喜怒哀楽の感情を出し、大勢に愛されている……そんな明るく無邪気な人を見ると素直に尊敬できて、自分もそうなりたいと感じるでしょう。

それと同時に講師やアナウンサーなど、人前で話すような知的で注目される職業にも憧れる傾向があります。趣味など好きな分野を極めて、話す職業にすることで、「自分の夢は叶えられた」という満足感を得られるはずです。基本的には心と心が通い合うコミュニケーションを好みますから、生涯たくさんの人と関わり続けることが、人生を豊かにするポイントです。

◇晩年の運勢

人と明るく接することを心がけつつ日々を送るため、年齢を重ねるごとに友人知人の数が増えそうです。それに伴いコミュニケーション術が磨かれ、苦手な人とでも衝突することなく交際できるようになるでしょう。好きな専門分野に没頭している人は、その知識や技術を講師や執筆で、人々に伝える役目を果たせます。

ただし余計なひと言で信用を落とすなど、悪目立ちにご注意ください。周りを立てる謙虚さを持つことで、鬼に金棒の人生に。

甲子が時柱の人の日干別アドバイス

◎日干が甲　通変星…比肩

素の自分と理想の自分が同じ甲のため、「自分を素直に表現すること」がひとつの人生目標です。高い目標を掲げなくても、日々を懸命に生きるだけで充実した人生になるでしょう。自信過剰が原因による失言にはご注意ください。

◎日干が戊　通変星…偏官

甲が戊を剋し、夢を追うために自分を犠牲にする傾向があります。実現が難しい、向いていないと感じる夢は、早めに手を打って別のルートを探しましょう。日支が寅であれば適性が高く、理想の実現が簡単になるはずです。

◎日干が己　通変星…正官

時干と日干が干合し、ワクワクと情熱的に夢や理想を追うことができます。ただし時支の子が己の土を混濁させ、理想が実現してもどこか自分を犠牲にしがちです。好きな分野を極めることに専念すると成功するでしょう。

◎日干が癸　通変星…傷官

強い向上心があります。癸が時干の甲に水分を与えて夢や理想が大きく育ち、ときには手が届かないものになることが。目標を追いすぎて疲弊するなど、自分を犠牲にしがちです。自分の適性をよく見極め、無理は避けましょう。

2 乙丑 きのとうし

日柱が乙丑の人

通変星…偏財
空亡…戌亥空亡

◇性格

謙虚で控えめで周りに合わせる姿勢があるため、一見気弱で従順な人に見られがちです。しかし芯は強いしっかり者で、自分の意志を曲げない強情な性質を秘めています。困難な役割が回ってきても逃げることなく、時間をかけてコツコツと粘り強く進め、完遂することができるでしょう。保守的で、冒険を好まない安定志向型です。

物やお金への執着心は強めで、高額な物でもためらいなく買う散財傾向があります。美食家の人も多いでしょう。

◇運勢

大器晩成型の人生です。日支の丑はスロースターターを示し、若い頃は予期せぬ問題に四苦八苦して、苦労の連続になりがちです。しかし年齢を重ねて経験を積むごとに対処方法が見え、世間をラクに渡れるようになるでしょう。

言葉を使う知的活動に適性があり、コツコツと専門知識を積み上げて、教師や著述家として活動できます。

◇結婚運

配偶者を表す日支の丑は、自分自身を示す日干の乙に養分や水分を与えます。そのため結婚後は配偶者が尽くしてくれて、安心して頼れるでしょう。ただし一方的に甘えすぎて、無意識のうちに相手に負担をかける傾向が。口うるさくなりがちな点も自重しましょう。

配偶者に適しているのは、ひとつの職業に長く専念しているような、真面目で地道な努力家です。その上で資産家であればベストです。自分が尽くす必要がある人とは、長続きしません。

日柱が乙丑の有名人……土屋太鳳　有村架純

時柱が乙丑の人

◇理想の自分や憧れること

大勢の前に出るような華やかな世界には関心が薄く、真面目で落ち着いた生き方を望みます。家族や少人数の仲間内など、例え狭い世界の中であっても、穏やかに小さな幸福を味わいながら過ごすことを潜在意識で求めているのです。それは普段からのトラブルや変動に、疲れを感じているからかもしれません。

特に惹かれるのは、植物や動物など自然のものに触れることです。晩年は静かにガーデニングにいそしんだり、子猫や子犬を育てたりする……そんな毎日を優雅だと感じるでしょう。同時に、美食に興味があるのもこの人の特徴。グルメに走るというより、無農薬の野菜を上手に料理して素材の味を引き出すような、真のぜいたくを楽しむ姿勢がありそうです。

◇晩年の運勢

自分の理想通りに、小さなぜいたくを味わえる穏やかな毎日が訪れそうです。好奇心旺盛で人とのコミュニケーションを好みますから、親しい人だけでホームパーティーを開いたり、習い事を楽しんだりできるでしょう。自分自身で趣味の教室を開く可能性も考えられます。

特に金運が優れていて、年齢を重ねるごとに貯蓄額が増え、精神面でも安定感が生まれるはずです。子供がいる場合は、その財産は無事に次世代に引き継がれるでしょう。

乙丑が時柱の人の日干別アドバイス

◇日干が甲　通変星…劫財

激しい人間関係に疲れを感じ、穏やかに落ち着いて生きたいという願望を持ちます。ただし何かから逃げるように閉鎖的になったり、物やお金に執着して人情を軽視したりする傾向が。人助けに目を向けると充実します。

◇日干が己　通変星…偏官

大きすぎる夢は追いませんが、爽やかな社交性を求めるため、経験を積んでコミュニケーション能力を高めることが人生課題のひとつです。目下の人とは対立しやすいので、目上の人を頼りにして。晩年は金運に恵まれます。

3 丙寅 ひのえとら

日柱が丙寅の人

通変星…偏印
空亡…戌亥空亡

◇性格

丙も寅も豪快さがあり、大胆で白黒はっきりした性格です。素直で感情が顔や言動に出て、隠し事ができずにわかりやすい人。ユーモアで人を楽しませ、大勢から愛されるでしょう。物質的・現実的な物事より精神性を重視し、専門的な才能に優れ、自分を大きく表現する能力に長けています。

ただし自尊心が強く負けず嫌いで、一度挫折すると立ち直りに時間がかかる傾向も。大雑把で細かい気遣いに欠ける点も、マイナス点だといえそうです。

◇運勢

未来志向の精神がグッと潜在的パワーを強め、どのような場面でも物怖じせず、最大のエネルギーを出し切ることができます。精神的な力が体にも元気を与え、疲れ知らずで健康運も良好です。

踊りや音楽、演技など、自分を表現する職種や趣味に適します。大勢の注目や支援を集め、パッと大輪の花を咲かせる華やかな運があるのです。

◇結婚運

配偶者を表す日支の寅が、自分自身を表す日干の丙を応援してくれる相性で、結婚運には恵まれています。

配偶者には豪快で頭が良く話好きな人を選びやすく、そうした人は口うるさくても有益な助言をくれるため、道に迷わずに済むでしょう。女性であれば主婦業の手を抜いても、豪快な相手からは咎められることはないはず。休日は共通の趣味やレジャー、外食、仲間づき合いに興じる、まるで親友のような笑顔の絶えない夫婦になれそうです。

日柱が丙寅の有名人……高嶋ちさ子　氷川きよし

時柱が丙寅の人

◇理想の自分や憧れること

元気な丙の中でもパワフルな、この丙寅。時柱にあると、「華やかに自分をアピールしたい」という強烈な願望を持つでしょう。それもできるだけ広い範囲で、多くの人達に賞賛されたい……と、スター街道を走ることを夢見ます。コツコツ地道に下積みをすることは苦手で、いきなり世に飛び出すような、ドラマチックな展開を期待するでしょう。

「こんな人になりたい」と憧れるのも、華やかで豪快なタイプが中心になります。スケールの大きさを重視し、世界的に有名な歌手や俳優、スポーツ選手を崇敬する傾向が。また賞賛を求めることから、外見がパッと目立つ人にも惹かれます。センスの良し悪しに関係なく、ラメや原色のようなきらびやかさを好むのです。

◇晩年の運勢

大発展するといわれる、大変勢いのある晩年運です。人目に触れる道を選び続けることが功を奏して、年齢を重ねるごとに社会的な認知度が高まるでしょう。コツコツ取り組む会社員ではすぐに鬱屈（うっくつ）し、大勢に注目される芸能界やスポーツ界でイキイキと活動できます。ＳＮＳを駆使するのもいいでしょう。

ただし勢いに任せて進み、地道な努力や基礎固めを軽視しやすい点はご注意ください。それが原因で、一時的な成功で終わる可能性も否定できません。

丙寅が時柱の人の日干別アドバイス

◎日干が甲　通変星…食神

甲は時柱の丙寅と馴染み、無理せず自分らしく生きるだけで、華やかな理想を実現できます。ただ楽しく過ごしていたら、周りに注目されていた……といった具合です。晩年は人気運が高く、衣食住に困ることはありません。

◎日干が己　通変星…印綬

時柱の丙寅は、本質の己とはかけ離れた性質のため、時間をかけて地道に夢を追い続けることになります。それは決して苦痛ではなく、むしろ生き甲斐と思えるでしょう。部下や弟子など目下の人が、力を貸してくれる可能性も。

4 丁卯 ひのとう

日柱が丁卯の人

通変星…偏印
空亡…戌亥空亡

◇性格

静かで大人しく見えますが、根は明るくて屈託がなく、少年少女のような無邪気さを持ちます。人とのコミュニケーションを好んでおしゃべり好き。信頼できる人には自分の本心を包み隠すことなく話すでしょう。

その上で、内面では未来への情熱を燃やしている点も大きな特徴です。日支の卯が日干の丁の燃料となり、人に頼らず自分の力で押し進むことができます。好きなことをして心が燃えているときが、最も幸福な瞬間であるといえそうです。

◇運勢

弱そうに見えて意志が強いため、運勢は安定しています。何かで大成しても、次の目標を掲げて切れ目なく燃え続け、退屈しない人生になるでしょう。何でも自力でこなそうとしますが、実力者のサポートがあると長く良い状態が続くはずです。特に知識人からの助言が人生を支えます。

心身の代謝が良いため、健康運も高めです。

◇結婚運

配偶者を示す日支の卯が、自分自身を示す日干の丁の燃料となり、配偶者が自分に尽くしてくれる相性です。そのため結婚後は相手から献身的に愛され、丁の炎が燃え上がり、ますます元気に輝けるでしょう。結婚することで、仕事など社会的な活動も発展していく可能性が高いのです。

配偶者に適しているのは、子供のように無邪気でおしゃべり好きな、花のように可憐な雰囲気の人です。おとなしいより、少しくらい気が強い方がいいでしょう。

日柱が丁卯の有名人……羽生結弦　役所広司

時柱が丁卯の人

◇理想の自分や憧れること

丁は燃える火といっても陰干支の時柱ですから、パッと人前に出て目立ちたいという願望は薄めです。しかし決して欲がない訳ではなく、人生において常に内面の充実感を重視しています。

好奇心が旺盛で楽しさを求めるため、仕事や家庭だけに尽力するのではなく、趣味やレジャー、恋愛にも熱を入れるでしょう。常に何かに情熱を燃やしていることが、この人の幸福な人生の条件なのです。例えそれが散財につながったり、何にも役立たなかったりしても問題はありません。人生が終わるときに、「ずっとこれに情熱を燃やして楽しかったな」と思えることが、人生目標と言っても過言ではないのです。

また、レジャーやエンタメ系の職種に憧れる場合もありそうです。

◇晩年の運勢

好奇心旺盛で常に新鮮さを求めるため、友人知人が多く多趣味で、年齢を重ねるごとに人を楽しませる能力を身につけるでしょう。あるスポーツ観戦では解説者並みに詳しいなど、少しずつ得意分野も増えていき、話題豊富になるはずです。趣味が職業となる可能性も高く、生涯を通して楽しみを追う人生になりそうです。

ただしゲームやギャンブルにはまるなど、享楽的になる可能性も否定できません。社会に役立つことを考えることがお勧めです。

丁卯が時柱の人の日干別アドバイス

◎日干が甲　通変星…傷官

日干と時柱の馴染みが良く、夢や理想を表す丁が甲を燃やし、生きる希望が湧いてきます。特に好きな世界に打ち込みたい願望が強く、専門書を読むなど知的作業が充実するでしょう。その成果を大勢に分け与えると吉です。

◎日干が己　通変星…偏印

仕事や家事など本業に真面目に取り組みながらも、その傍らで多趣味で遊びも多い晩年を迎えそうです。ワイワイ過ごせる友人知人も増えて、イキイキとした毎日になるでしょう。健康面は足腰が弱りやすいのでご注意ください。

5 戊辰 つちのえたつ

日柱が戊辰の人

通変星…比肩
空亡…戌亥空亡

◇性格

日干支に安定感のある土性が重なり、どっしりとした落ち着きのある人物です。少々のことに動じることなく、安定志向で物やお金など目に見える現実を重視します。あまり自分からは動かないものの、約束は完遂するなど真面目で信用を大事にし、温厚でユーモアもあるため誰からも好かれて信頼されるでしょう。

通変星が比肩であり、孤独に強くあまり人に頼りません。トラブルを乗り越えるほど力がつき、大きな物事を成し遂げられるでしょう。

◇運勢

自分の運勢は自分で切り開き幸運を積み上げていく、強靭(きょうじん)な生き方をします。経済的豊かさと社会貢献を求めるため、仕事熱心で、女性でも結婚後もバリバリと働く人が多いでしょう。日支の辰はスケールが大きく、大胆な事業で社会や人々に大きな影響を与える場面もありそうです。

勤勉さが功を奏して、生涯金運には恵まれます。

◇結婚運

配偶者を示す日支も、自身を示す日干も同じ土性のため、似たもの夫婦になりそうです。一方だけが尽くすのではなく、お互いに家事も仕事も役割分担して、協力し合いながら生活できるでしょう。共に社会活動を重視しがちで、顔を合わせる時間が少ない可能性もあります。

配偶者に適しているのは、大きな夢やロマンがあり、強い意志と積極性を持つジッとしていない人です。高収入の人を選びやすく、結婚後に金運はさらに上がるでしょう。

日柱が戊辰の有名人……中森明菜　加山雄三

時柱が戊辰の人

◇理想の自分や憧れること

土性は経済的な安定性が高く、時柱が戊辰の人が一番の理想として掲げるのは、「大金を抱え、安心感を持って過ごしたい」というものでしょう。地位や名誉、人気があっても、経済的に裕福でなければ意味がないと感じるかもしれません。

ただし辰のダイナミックさから、単に多額の貯蓄を抱え込んでいるだけでは物足りないと思うはず。もうひとつの憧れとして、「大きく経済を回して、社会に影響を与えたい」というものもあります。例えばベンチャー企業の社長として大成功を収め、注目を集める……そんな自分を想像すると、ワクワクするでしょう。

それ以外の憧れとして、やはり社会の経済を動かすという意味で、政治家を目指したいと思う人もいそうです。

◇晩年の運勢

地道にコツコツ生きようと努力しますから、年齢を重ねるごとに仕事も生活環境も固定され、安心感を持って過ごせる晩年が訪れます。特に若い頃から続けた貯金が着実に増えて、マイホームを買ったり念願だった事業を興したりと、現実的で壮大な夢が叶う人も多いでしょう。それは棚ボタではなく、地道に積み上げてきた成果なのです。

ただし金銭ばかりにこだわり、人情が薄くなりがちな点は要注意。家族や友人への優しさもお忘れなく。

戊辰が時柱の人の日干別アドバイス

◇日干が甲　通変星…偏財

好奇心旺盛で目移りしやすいため、目標にじっくり向き合い達成するのが困難です。貯蓄を重ねても、将来の不安や焦りを持ち続ける傾向も。特に甲戌の人は天戦地冲（てんせんちちゅう）となり、夢や理想が重くのしかかって負担となりがちに。

◇日干が己　通変星…劫財

陰土の己は金銭や愛情への執着心が強い性質ですから、時間をかけて貯蓄を増やし、戊辰が表す安定感のある晩年を迎えられるでしょう。ただし無理を重ねたり無謀な行動に走ったりと、穏やかではない一面もあります。

日柱が己巳の人

通変星…印綬
空亡…戌亥空亡

◇性格

一見穏やかで落ち着いて見えますが、内面には強固な意志と信念があり、常に情熱を燃やして何かを達成しようとするパワーを秘めています。おとなしくても言動に自信がありますから、周りの意見や批判に左右されません。一度これをやろうと決めたら、障害を乗り越えてでもやり遂げる根性と粘り強さがあります。

執着心や情念も強く、欲しいものは手に入れるまであきらめません。それが悪く出ると、嫉妬や恨みを持ち続ける場合があります。

◇運勢

強い福運を持つ人です。自分のことは自力でやる姿勢があり、成功体験を積み重ねて真の自信を持てます。よそ見をせず好きな道をストレートに突き進み、レベルの高い専門的知識や技術を習得できるでしょう。

ただし視野が狭く、それ以外のことはさっぱり……となりがち。好き嫌いが激しい分、人間関係も衝突が多い傾向があります。

◇結婚運

配偶者を表す日支の巳と、自分を示す日干の己は相性が良く、ピッタリ息の合う幸せな結婚生活を送れます。お互いに情が深いため、長く一緒にいても疲れないはず。配偶者の愛情や熱意があなたのエネルギー源となり、結婚後は相手からの叱咤激励（しったげきれい）を受けつつ、より良い自分へと変われるでしょう。配偶者が内面を磨いてくれるのです。

ただし共に嫉妬心が強い分、どちらかの浮気が命取りになる可能性も。一途さを見せることが円満の秘訣（ひけつ）です。

日柱が己巳の有名人……大泉洋　山本太郎

6 己巳

時柱が己巳の人

◇理想の自分や憧れること

この人の理想の生き方をひと言で表せば、「好きなものにトコトン没頭すること」に尽きます。己も巳も愛着心が強い性質ですから、愛する人や物事に浸っているときに、最も深い幸福感を味わえるのです。例えば、ひとりの人を生涯賭けて愛し抜いたり、創作の世界でひたすら好きな物を創り続けたり……ということが挙げられます。

そうしたことから、人生目標はあくまでも内面で幸福感を味わうことであり、決して高い地位や名誉を追い求めるのではありません。

ただしお金への執着心は強いため、経済的に満たされることも理想のひとつといえます。ただ財産を貯め込むのではなく、豪華な食事やブランド品に囲まれたいという俗的な欲求も持っています。

◇晩年の運勢

晩年は理想通りに、好きな世界にエネルギーを費やすことができるでしょう。特に若い頃から好きな分野が確定していれば、その道の専門家になれる可能性が。研究を続けて教師や事業家となり、長く安定して第一人者として活躍するのも決して夢ではありません。

もしくは、家族など愛する人に自分の人生を捧げるという、献身的な生き方を選ぶ可能性もあります。家族や恋愛に限らず、師弟関係や有名人に人生を捧げる場合もあるでしょう。

己巳が時柱の人の日干別アドバイス

◎日干が甲　通変星…正財

日干と時干が干合しています。理想の自分を追うのが義務ではなく、人生上の楽しみになります。ただし好奇心旺盛な分、なかなか生涯を賭けられるものが見つからない可能性も。金銭面では尽力し、財産を築けるでしょう。

◎日干が己　通変星…比肩

日干と時干が同じなため、「自分らしく生きること」が人生目標のひとつです。向上するのではなく素の自分を活かして、大事な人や世界に愛情を注げるでしょう。守銭奴（しゅせんど）になる気配もあるので、周りに与える精神を大切に。

7 庚午 かのえうま

日柱が庚午の人

通変星…正官
空亡…戌亥空亡

◇性格

明るくさっぱりとして見えて、内面には激しい気性や強い葛藤を抱えている、複雑な気質を持つ人です。日支が強い火の午で、思い立ったら飛び出すような情熱はありますが、その火が日干の庚を溶かして葛藤を生み、一筋縄ではいきません。正義感から自分の正しさを証明するために、余ったエネルギーで人を激しく攻撃することもありそうです。

常に思考が巡っていますが、迷いや不満が多く思い悩みがちに。素直さを培うといいでしょう。

◇運勢

精神的な葛藤は強くても、福運があり幸運度は高い人です。頭が良くヤル気があるため、機転が必要な知的な職業で成功します。独創的な才能にも優れますが、フリー業より組織に入った方が活躍できるでしょう。

ただし健康運は低めで、頑張りすぎや考えすぎが体を疲れさせる傾向があります。日頃から筋力を鍛えることがお勧めです。

◇結婚運

男女共にモテて、独身時代は恋愛を楽しめるでしょう。しかし複雑な性格ゆえに家庭に収まりにくく、結婚生活に不満を抱えがちです。配偶者を表す日支の午が、自分自身を表す庚を容赦なく溶かし、自分だけが我慢していると感じるかもしれません。

配偶者に適しているのは、明るく細かいことにこだわらない、豪快な雰囲気を持つ人です。夫婦で手を取り合うというより、適度に距離感を持ち、お互いの世界を大事にすると上手くいきます。

日柱が庚午の有名人……仲間由紀恵　石田純一

時柱が庚午の人

◇理想の自分や憧れること

平凡なことを好みませんから、大勢からチヤホヤされるような典型的な成功には、それほど関心を持ちません。それよりも自分の斬新な個性や思考を活かして、周りに影響を与えることに喜びを感じるでしょう。例えば大発明や大発見をして、世間をアッと驚かせるなどです。「変わった人」という言葉は、この人にとっては褒め言葉であるともいえるでしょう。

世の中を少し斜めに見る傾向があり、社会の歪みを自らの力で改善していく社会運動などにも関心を持ちそうです。そうした活動に携わることで、内面にため込んだ批判精神を開放し、イキイキとした気持ちになれるでしょう。社会の是正という意味では、政治家や実業家に興味を持つ可能性もあります。

◇晩年の運勢

年齢を重ねても好奇心を失わず、ジッとしないで色々なことに挑戦し続ける晩年になりそうです。安定や固定を好まないため、趣味や人間関係がちょこちょこと変わる可能性も。何かを積み上げて築くのではなく、「今を楽しむこと」をテーマに生きていく人だといえます。

ただし動き回る分出費が多く、財産が増えにくいというデメリットもあります。それでも宵越しのお金は持たない姿勢で、使い切って人生を終わらせるのも一興なのでしょう。

庚午が時柱の人の日干別アドバイス

◎日干が甲　通変星…偏官

庚の刃物が甲の大木を切り倒し、午の火がそれを燃やします。ジッとせずに次々と何かにチャレンジして、燃え続ける晩年になるでしょう。世間に思想を公表するなど、ひとひねりした自己アピールも忘れず目立ちそうです。

◎日干が己　通変星…傷官

日干と時柱の性質に開きがありますが、届きにくい理想を追うことでさまざまな経験を積み、自分が磨かれます。ただし一方的に搾取するような人にはご用心を。創造的な技術を身につけると、充実した晩年になりそうです。

8 辛未 かのとひつじ

日柱が辛未の人

通変星…偏印
空亡…戌亥空亡

◇性格

物静かで控えめに見えても、強い意志と根性で辛抱強く物事に当たる、芯の強い人です。よそ見をすることなく、やるべきことに真面目に向き合い、集中して進めていく頑固一徹さがあります。頭が良く人と話を上手に合わせられますが、何があっても意志を曲げずに貫くでしょう。真の自信家といえるのです。

ひとつのことに集中して、他の世界には無頓着だったり、曲がったことが嫌いで批判好きだったりする点は、改善の余地があるでしょう。

◎運勢

ひとつの分野について、生涯を通してひたすら知識や経験を積み重ねます。そのため年齢を重ねるごとに、才能と自信が培われていく大器晩成型です。落ちることを知らず、晩年は重鎮的な存在として重宝がられるはず。早いうちに好きな分野を確立することが、豊かな人生を送る鍵です。

金運も優れていて、順調に富を蓄えられます。

◎結婚運

配偶者を表す日支の未と、自分自身を表す日干の辛は好相性です。配偶者が献身的で色々なものを与えてくれる、幸せで安定した結婚生活を送れます。結婚することで精神的な不安や苦労が軽くなり、仕事に集中できるなどして金運にも好影響を与えます。ですから早めの結婚がお勧めです。

配偶者に適しているのは、真面目で安定感があり、働き者で努力家の人です。男性でも人生経験の多い年上の方が、安心して家庭を任せられるでしょう。

日柱が辛未の有名人……安住紳一郎　真木よう子

時柱が辛未の人

◇理想の自分や憧れること

陰干ということもあり、スターのような華やかさで大勢に注目されたいという願望はあまりありません。かなりの安定志向で、目立たなくても落ち着いていて変動のない、先が見える日々を送ることを願っています。

ただし見栄やプライドがありますから、その上で誰からも受け入れられる生き方がベストだと考えます。例えば、良い大学を出て良い会社に就職し、良い家に住んで賢い子供を育てる……といったイメージです。一見平凡にも見える人生であっても、この人にとっては大きな安心感を持てる生き方なのです。

職業では、大学教授や医師などの知識人に憧れます。それも老齢で長く同じ職業に携わり続けた人を、心の底から尊敬することができるでしょう。

◇晩年の運勢

理想を求め続ける姿勢が功を奏して、年齢を重ねるごとに状況が安定します。職業も地に足がついたもので、定年退職まで同じ場所で働ける可能性が高いでしょう。

特に優れているのが、経済状態です。よく働きぜいたくをせずにお金を貯め続け、結果的に大きな財産を築けるはずです。

ただし順調に行くことで慢心しやすく、苦労をしている人に対する理解に欠けて、「イヤミな人」と思われる心配も。慈愛心を養うことで、さらに幸運度が高まります。

辛未が時柱の人の日干別アドバイス

◇日干が甲　通変星…正官

勉強好きなため、専門知識を学ぶことに積極的です。ただし飽きやすく中途半端になってしまい、理想の生活が遠いと感じるかもしれません。散財が多くせっかくの財産を無駄に減らさないよう、計画性を大切にしましょう。

◇日干が己　通変星…食神

日干と時柱の相性が良く、持ち前の粘り強さと勤勉さにより晩年は理想が実現します。思っていた以上に輝く成果を出し、周りから注目されることも夢ではありません。目下や子供運も恵まれ、立派に成長させられるはずです。

9 壬申 みずのえさる

日柱が壬申の人

通変星…偏印
空亡…戌亥空亡

◇性格

悠々(ゆうゆう)と流れる壬の大河に、水源となる申の金がさらなる水を加えます。大変豊かな感情を持ち、喜怒哀楽の激しい人。何事にも物怖じせず堂々と向かっていく大胆な姿勢があります。人を引率する才能もあり、自然とリーダー役に選ばれるでしょう。根は好奇心旺盛でユーモアを好み、人を笑わせることが得意だったり、多趣味だったりしそうです。

自我が強いためにワガママな面もあり、何かに従うことを好まず、自分の意志を尊重するでしょう。

◇運勢

ダイナミックに動くため、成功も失敗も極端に大きなものになります。そのため自然と、浮き沈みが激しい人生に。人情家ですから独りで活動するより、組織に入る方が能力を発揮できます。

ただし生活のために働くのではなく、好きな世界で生きることに喜びを感じるでしょう。その結果、収入に恵まれ、豊かな生活を送れるのです。

◇結婚運

配偶者を表す日支の申が、自身を示す日干の壬に良いものを与えてくれます。それは気分が上がる明るい笑顔だったり、共に楽しめる趣味やレジャーの時間だったりするでしょう。結婚後は配偶者に「一緒にいると楽しい」と感じ、前向きに明るく日々の活動ができるはずです。

配偶者に適しているのは、頭の回転が速くユーモアがある人。楽器の演奏や映像の編集などエンタメ系の才能を身につけている人も、あなたの人生を盛り上げてくれます。

日柱が壬申の有名人……斎藤工　有吉弘行

時柱が壬申の人

◇理想の自分や憧れること

ダイナミックに流れる大河や大海のように、何事にも動じない悠々とした、リーダーシップに優れる人間に憧れを感じます。そして強い向上心を持ち、「大勢から注目されたい」という密かな願望も、心の奥で抱えているはず。多くの人から賞賛の眼差しを浴びることで、自分自身が光り輝き、生きている充実感が持てると思えるのでしょう。

そうしたことから、芸能界やスポーツ界、芸術界で活躍することを求める人も多そうです。ただ目立つだけではなく、高い能力を認められる分野を望む傾向が。例えば芸能界の中では、映画俳優やお笑いタレント、シンガーソングライターなどが挙げられます。それもどの分野であっても、常にトップクラスを目指すのです。

◇晩年の運勢

常に「表舞台に立ちたい」という願いを持ち、年齢を重ねても向上心を失わず、自分を羽ばたかせることを模索し続けます。結婚後に家庭にこもると、フラストレーションがたまるでしょう。

そうした姿勢が実り、晩年は社会で目立つ活躍ができる可能性大。芸術界など特定の分野で名を馳(は)せられるはず。ＳＮＳで人気が出たり、会社のリーダー役になったりと、小規模でも目立つ存在になれそうです。厚い人情を発揮して、大勢に愛されるでしょう。

壬申が時柱の人の日干別アドバイス

◇日干が甲　通変星…偏印

向上心が強く、大きな夢を持つことで毎日を元気に過ごせます。知性を活かして、誰にも負けないくらいの専門知識を習得すれば、夢が叶うでしょう。ただし晩年の健康運は不安定なので、日頃からの健康管理を怠りなく。

◇日干が己　通変星…正財

壬の大量の水が己を混濁させ、晩年は夢や目標を見失いがちです。ただし時支の申の金が多くを生み出し、日々の努力は無駄になりません。特に金運に恵まれ、例えば遺産が転がり込むなどして、苦なく財産を築けるでしょう。

10 癸酉 みずのととり

日柱が癸酉の人

通変星…偏印
空亡…戌亥空亡

◇性格

無邪気で愛くるしい雰囲気があり、社交上手で誰とでも上手に合わせられる人です。外見からは強さを感じませんが、内面は芯がしっかりしていて強い意志を持ちます。日支の酉が日干の癸をサポートし、少しのことではへこたれない前向きなパワーを秘めているのです。

頭の回転が速くて要領が良く、何をしてもソツなくこなす器用さがあります。楽しいことが好きで深刻なムードは苦手なため、どのような場面も爽やかに乗り切るでしょう。

◎運勢

自分だけ前に出るようなことなく周りの空気に合わせるため、敵をつくらず誰からも好感を持たれます。その上に優しくユーモアがありますから、生涯を通して良い友人知人に恵まれるでしょう。ただし謙虚に譲りすぎて、大事な場面でチャンスを逃す心配もあります。

さまざまなことに幅広く取り組み、やや散漫になる面も否定できません。

◎結婚運

配偶者を表す日支の酉が、自分自身を表す日干の癸を強化してくれます。ですから結婚運は良く、結婚後にさらにパワーアップする人です。配偶者の快活さや明るさが、沈みがちなあなたに元気をくれるのです。

配偶者に適しているのは、芯が強く細かいことによく気がつき、趣味や遊びなど楽しいことが好きな人です。頑固一徹のような人では、あなたの長所を伸ばせません。

金性が強い大運や年運が巡るときに、結婚の縁ができやすいでしょう。

日柱が癸酉の有名人……菅田将暉　芦田愛菜

時柱が癸酉の人

◇理想の自分や憧れること

大勢を引っ張るリーダータイプより、笑顔で周りを明るくする花のような可憐な人物に惹かれるという、控えめな憧れを持ちます。目立つ派手さはなくても、周りにいる好きな人達を優しく癒せるのであれば、それがベストだと思えるのです。例えば、仕事で失敗して落ち込んでいる人をそっと励まし、元気づけてあげる……そんな繊細な優しさを持つ人になることを、心の底では求めているはずです。

同時に、恋愛や趣味など心がときめくことに喜びを感じる傾向も。ですから社会でバリバリ働くより、肩の力を抜いてそうした世界を楽しむことを重視します。

職業では、自然に触れる仕事や、絵本作家やイラストレーターなど芸術系の仕事に惹かれやすいでしょう。

◇晩年の運勢

好奇心旺盛で多趣味であることが功を奏し、晩年は好きな世界で静かに生きることになりそうです。例えば女性であれば、子育てを終えた後に手芸やお菓子づくりに力を入れ、細々とでも収益を得ていくことも考えられます。「楽しく生きる」がモットーのため、朝から晩までバリバリ働くような、疲弊する生き方は避けるでしょう。

晩年の人間関係は活発で、趣味や遊びを通して仲間ができそうです。ただし家庭をおざなりにする傾向もあります。

癸酉が時柱の人の日干別アドバイス

◇日干が甲　通変星…印綬

伸び伸びと過ごすタイプですから、可憐という時柱が示す理想が遠く感じるかもしれません。それでも癸が甲に水分を与え、理想を追うことで精神的に成長できます。日支が土性の人であれば、晩年の金運は高めになります。

◇日干が己　通変星…偏財

癸の水分が己の土を緩め、人生の目標を絞りにくいようです。金運は高めですが、放蕩(ほうとう)生活に走ったり、色々と手を出し中途半端になったりしないように注意。己卯の人は天戦地冲(てんせんちちゅう)となり、自分に見合う目標設定が必要です。

11 甲戌 きのえいぬ

日柱が甲戌の人

通変星…偏財
空亡…申酉空亡

◇性格

戌という乾いた土に、甲の大木が立っている状態です。社交的でさっぱりしていて豪快な雰囲気があり、人から注目されやすい人。自分自身も目立つことを好み、前に出て大胆な言動を取るでしょう。

ただし根が張りにくいため芯が弱く、小さなトラブルで挫折したり、下積みを避けて表面だけよく見せようと背伸びしたりすることも否めません。

表と裏の性質が違うことで、葛藤することもしばしば。厳しい環境の中で精神が鍛えられそうです。

◇運勢

好奇心旺盛で、多趣味で社交を大事にし、日々さまざまな経験を積みます。交際範囲が広がり、誘いの声も多くかかるでしょう。ただし重要ではない交際や勉学で、時間と労力を無駄にする傾向も。そのため動く割には実りが少ない……という状況に陥る心配もあります。

土台が不安定な分、健康運も今ひとつ。足腰を鍛えることが大切です。

◇結婚運

自身を表す日干の甲が、配偶者を表す日支の戌から、一方的に養分を吸い取ります。そのため結婚後は配偶者を疲れさせ、円満な雰囲気になりにくい気配があります。しかしその関係は、あなたを大きく輝かすことには有効でしょう。

配偶者に適しているのは、真面目で忍耐強く、義理人情に厚い信頼できる人です。年上で優れた経済力があればベストです。ただし一方的に利用しないよう、相手に明るさと優しさを与えることもお忘れなく。

日柱が甲戌の有名人……ムロツヨシ　菊池桃子

時柱が甲戌の人

◇理想の自分や憧れること

知識やコミュニケーションを好みますから、多くの人と関わりながら何かを伝えることを、人生の理想とする傾向があります。職業であれば、司会業やアナウンサー、講師など、大勢の前で話す仕事に憧れを持ちやすいでしょう。

頭の良い人に憧れますが、わかりやすく高学歴の人を尊敬する傾向もあります。独立して一代で大企業にのし上げる豪快なタイプより、有名大学を出て有名企業に就職するという、昔ながらの王道を行くタイプに憧れを感じます。時支の戌が、常識に沿った生き方を求めているためです。

それと同時に人生では安定感を重視するため、経済的な豊かさにもこだわります。広い庭つきのマイホームを建てることを、目標に掲げる人も多いでしょう。

◇晩年の運勢

学を極めることに関心が強く、ステイタスを得るため学歴社会の中を勝ち進むことを厭いません。そのため有名大学と縁があり、卒業後は大学院に進む人も多いでしょう。もしくは専門学校で集中的に能力を磨き、社会活動に活かす場合もあります。

それが功を奏して、晩年は良い会社に長く勤めるなど、人から見て非の打ちどころがない安定した生き方ができそうです。

ただし健康運は低いので、油断禁物。特に運動不足による筋力低下に要注意です。

甲戌が時柱の人の日干別アドバイス

◎日干が甲　通変星…比肩

日干と時干が同じなため、「自分らしく生きること」がひとつの人生目標です。向上心を燃やさずとも日々を淡々と生きることで、理想の自分像が見つかるでしょう。ただし自信家で我が強く、ワガママに振る舞いがちに。

◎日干が己　通変星…正官

日干と時干が干合し、夢を持って楽しく理想の自分を目指せます。真面目な人柄が功を奏し、晩年は専門知識と良い仲間に恵まれそうです。金運も非常に優れていて、コツコツ時間をかけて豊かな財産を築けるでしょう。

12 乙亥 きのとい

日柱が乙亥の人

通変星…印綬
空亡…申酉空亡

◇性格

ふんわり優しい雰囲気を持ち気弱そうに見えますが、芯は強く考えを曲げないような強さと冷静さを備えています。日支の亥が日干の草花である乙に水分を与え、自分で自分を育てることができて、周りに頼らなくても地に足をつけて歩けるでしょう。

特に人間心理について造詣が深く、人間観察を好み、人の気持ちを汲んで寄り添うことができます。そうしたことから常に心と心が通い合う交流を求め、独りで過ごす時間は苦手な傾向があります。

◎運勢

福運に恵まれている人です。常に勉学を重ねてジッとせずによく動き、さまざまな経験を通して内面が豊かに育っていきます。そのため年齢を重ねるごとに人間関係も良好になり、充実感のある毎日になるでしょう。

好きなことには一極集中し、トコトンまで専門分野を極められます。好きな世界に囲まれて過ごす人だといえます。

◎結婚運

配偶者を表す日支の亥が、自分自身を表す日干の乙に水分を与え、育て続けます。そのため結婚後は配偶者が一方的に尽くしてくれる、幸せで安定感のある生活を送れます。特に積極的に愛情を示してくれる相手に、深い安らぎを感じるでしょう。それが心の安定につながり、さらなる社会活動や勉学の発展を呼び込みます。

結婚相手に適しているのは、仕事より家庭を優先する、献身的な人です。男性であればマイホームパパといったタイプです。

日柱が乙亥の有名人……松任谷由実　伊集院光

時柱が乙亥の人

◇理想の自分や憧れること

たっぷりの水分を含んだ花をイメージするように、この人が求める人生のテーマは「愛すること」です。自分自身が何かで大成功を収める……ということには、あまり関心がありません。それより心から大切だと思う人や世界に献身的に仕え、その対象を豊かに幸せにしていくことに、深い喜びを感じるでしょう。

そうしたことから、社会的に成功している夫を陰で支える妻や、動物や植物の育成に愛情をかけている人など、献身的に何かに尽くしている人に尊敬の念を持ちます。

また、生涯コツコツと芸術などの分野を極め続けことにも、憧れを感じるでしょう。ですから我欲は強くないといえます。お金についても、ガツガツかき集めたいとまでは思わないはずです。

◇晩年の運勢

表向きには目立たずとも、精神面は豊かに充実した晩年を送れます。家族に愛情を注いだり、趣味で好きな世界に没頭したりできるでしょう。子育てはもちろん、ペットや植物を育てる喜びを味わう予感もあります。

愛情が豊かだからといって恋多き人という訳ではなく、非常に一途です。一度これだと決めれば、人生を賭けて愛情を注ぎ続けられるのです。その対象がどのようなものであるかで、晩年が決められると言っても過言ではありません。

乙亥が時柱の人の日干別アドバイス

◇日干が甲　通変星…劫財

本来さっぱりとした性質のため、「献身的な愛を学ぶこと」が人生のテーマです。晩年は自我を抑え、他者に思いやりを持つ姿勢が身につくでしょう。社交運も高く、気心の知れた友人知人に囲まれる晩年になりそうです。

◇日干が己　通変星…偏官

時支の亥が己を濁らせることから、人生目標が曖昧になりがちです。また頑張ることで疲弊したり、自分を見失ったりする可能性も否定できません。晩年は特に散財や借金に要注意です。丙の年運と大運のときは幸運あり。

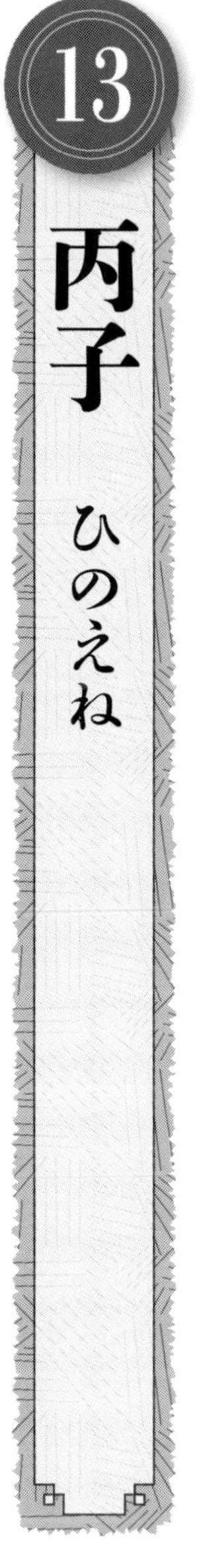

日柱が丙子の人

通変星…正官
空亡…申酉空亡

◇性格

丙の火と子の水が衝突し、複雑な性格になります。表向きには明るくカラッとしてパワフルですが、内面は激しい感情を秘め、常に心が揺れ動いています。冷静さに欠けて常に喜怒哀楽を抱え、ひとときもジッとしていません。感情に身を任せて動くため、言動がその場その場で変わったり、突然泣いたり怒ったりと、人を振り回す傾向もあります。

特に若い頃は感情的な性格から、人と衝突しがち。正しさを主張しがちな点も自重しましょう。

◎運勢

火と水の衝突により、波乱に富んだ生涯になります。自分の感情を重視するため、少しでも嫌なことがあると投げ出すことも。飽きっぽさも手伝い、何かを安定して継続させることが困難です。取材記者や旅行関係など変化の激しい仕事であれば、充実して取り組めるでしょう。

特に若い頃は苦労しがちですが、大勢から愛される人です。

◎結婚運

配偶者を表す日支の子と、自分自身を表す日干の丙は、ほぼ正反対の性質です。そのため結婚後はベッタリ過ごすことなく、それぞれの世界に住み、適度な距離感を保ちながらの家庭生活になるでしょう。

結婚相手に適しているのは、感受性が豊かで愛情深く、一途に想ってくれる人です。その上で自分の足で立てる自立心があればベストです。

お互いに、自分とは違う相手の性質に尊敬の念を持てることが、円満な結婚生活の条件になります。

日柱が丙子の有名人……渡辺謙　二宮和也

時柱が丙子の人

◇理想の自分や憧れること

丙も子もダイナミックな上に、豊かな感性を持ちます。そのためこの人が憧れるのは、財産を築くような経済的豊かさではなく、精神的な高揚感や充実感になります。例え貯蓄はなく生活が不安定でも、日々を楽しめればそれでいい……という感覚です。

丙はパッと目立つ性質のため、大勢からの賞賛を求める傾向もあります。それも地道に学びを重ねて地位を高めるのではなく、俳優や歌手としてスターダムにのし上がるようなきらびやかさに、恍惚感を覚えるのです。

また、火と水が重なる人は人一倍第六感が鋭く、占いを含めたスピリチュアル的な世界に縁がある場合が多くなります。そうした世界に関心を持ち、霊能者などに憧れを持つ人もいるでしょう。

◇晩年の運勢

自宅にこもって園芸を楽しむような、静かな老後とは無縁です。年齢を重ねてもワクワク、ドキドキする新鮮な刺激を求めますから、常に新しい何かに挑戦し続けるでしょう。例えば日本全国を回ったり、楽器演奏の腕前を披露したり……。映画鑑賞やお笑いなど、心を動かす趣味にはまる傾向もあります。ただし継続性に欠けるため、好きな対象がコロコロ変わるでしょう。

人間関係も持続性がなく、特に家族をないがしろにする点は自重して。

丙子が時柱の人の日干別アドバイス

◇日干が甲　通変星…食神

時柱の火と水が、甲の大木をイキイキと育て上げます。明確な夢や理想を持つことで、日々の生活が明るく輝くでしょう。周りに多くの人が集い、にぎやかな晩年になる可能性大です。援助に恵まれ、金運も安定しそうです。

◇日干が乙　通変星…傷官

日干と時柱の相性が良く、時柱の陽光と水が乙の草花を育てます。ただし繊細な割に目標が大きすぎて、どれだけ頑張っても理想が遠く感じることもあるでしょう。欲の無さから金銭的に困窮する心配もあるので要注意です。

◇日干が己　通変星…印綬

日干と時柱の性質がかけ離れていますが、華やかな夢や目標を持つことで、自分自身を輝かせることができます。晩年は常識に捉われず、旅行やコンサートなどの趣味を楽しめるでしょう。

健康面は筋力低下に要注意です。

◇日干が庚　通変星…偏官

専門知識や技術を習得し、それによって大勢に自己アピールができそうです。ただし成功を求めすぎることが闘争心を生み、穏やかではない日々になる可能性も。精神力の強さが功を奏し、晩年の健康運と金運は安泰です。

14 丁丑 ひのとうし

日柱が丁丑の人

通変星…食神
空亡…申酉空亡

◇性格

温厚に見えて、根は真面目で頑固です。好きな世界を徹底的に深めていく静かな情熱と持久力を備えています。人に対しては親切でも自分に厳しい面があり、自身に多くのノルマを課して、内面を磨き鍛え上げることに余念がありません。芯が強くどっしりと構えていますから、少々のトラブルにも動じず、挫折してもすぐに立ち上がる粘り強さもあります。

金銭への執着は強く、貯め込む傾向が。同時に、豪華な衣食住を楽しむことも好みます。

◎運勢

辛い状況からも逃げずに自己鍛錬を怠らず、年齢を重ねるごとに人間性が磨かれ、次第に能力も高まります。右肩上がりで、落ちることを知らない大器晩成型といえます。

特に優れているのは金運です。稼ぐ努力を怠らない上に貯蓄に専念し、財産は増える一方に。抱え込まずに寄付などで与える姿勢を持てば、さらに運勢は上昇します。

◎結婚運

愛情面も一途で、一度好きになったら細く長く情熱の炎を燃やし続けます。執着心が強く、相手を完全に自分のものにするため、即結婚も考えるでしょう。

配偶者を表す日支の丑と、自分自身を表す日干の丁は好相性で、幸福な結婚生活を送れます。自分が相手にエネルギーを注ぐ関係ですが、その見返りとして献身的に尽くされ、持ちつ持たれつで協力し合えます。

配偶者に適しているのは、意志が強く真面目で経済観念が発達している人です。

日柱が丁丑の有名人……中条あやみ　栗山千明

時柱が丁丑の人

◇理想の自分や憧れること

ひとつの専門技術や知識を長年かけて習得し、生涯を通してその職業に人生を注ぐ、職人気質の生き方に憧れます。例えば伝統文化を守り続ける和紙職人や、書道や茶道の先生など……。そうした長く専門分野を極めている人を、素直に尊敬できるでしょう。自分自身が表に出るのではなく、自分の技が社会や人々を喜ばせることに、憧れを感じるのです。

時支の丑は目に見える物を重視するため、特にモノづくりに興味を持ちやすいでしょう。食べ物にも関係があり、懐石料理などの料理人を目指したくなる場合もあります。

性格としては、自分を磨き続けるストイックな人に惹かれます。真面目にコツコツと進み続ける人を見て、自分もそうなりたいと願うでしょう。

◇晩年の運勢

若いうちに極めたい分野が決まるかどうかが大切です。早くから見つかれば迷いなくその道を進み続け、充実した一生になるはずです。仕事や趣味以外では、好きな人や家庭にエネルギーを注ぐ、献身的な人生を選ぶ人もいるでしょう。どちらにしても一途に真面目に、何かを極める道に進むのです。

一直線に進む姿勢があるため、晩年の波乱は少ないといえます。何かトラブルがあっても冷静に対処でき、身近な人達からの援助にも恵まれます。

丁丑が時柱の人の日干別アドバイス

◇日干が乙　通変星…食神

持ち前の柔軟性と要領の良さを活かし、比較的スムーズに理想を実現できそうです。地道な努力が実り、晩年は精神的にも経済的にも安定するでしょう。家族と豊かな食卓を囲み、ひそやかでも確実な幸福を実感できます。

◇日干が庚　通変星…正官

時干の丁の火が庚の金を溶かし、理想の自分を追うことが義務になりがちです。それでもさまざまな経験を通して鍛錬され、晩年は安定感のある状況に。年運か大運に甲が巡る時期は、何か大きな物事を生み出せるでしょう。

15 戊寅 つちのえとら

日柱が戊寅の人

通変星…偏官
空亡…申酉空亡

◇性格

根が明るく堂々としていて社交好きで、義理人情に厚く、裏表なく誰にでも正直な自分を出せる人です。ジッとしていることが苦手で、仕事熱心で自分の役割をバリバリこなし、度量があるため大勢に信頼されます。社会や人々に役立つことに、大きな喜びを感じる奉仕精神もあります。

ただし自我が強く頑固で、自分を曲げません。人に従うことが苦手ですから、組織に入るより自分が長となって会社を興すことで、能力を発揮できるはずです。

◇運勢

常に状況が目まぐるしく動く、変動の多い人生です。ただし勤勉な上に積極性と行動力があるため、悪い方には流されません。自分の運勢は自分で切り開く姿勢が功を奏し、夢や目標を実現する力が強いでしょう。

反面、負けず嫌いで戦う精神があり、人をやり込めて思わぬ敵をつくる場面も。体力はあっても精神面の疲れにも要注意です。

◇結婚運

配偶者を表す日支の寅が、自分自身を示す日干の戊のエネルギーを吸い取ります。結婚後は相手にペースを合わせる場面が増えて、自由な活動を抑える必要が出てきます。本来マイペースで動きたい人ですから、結婚生活が修行のような形になり、それが自己鍛錬につながるでしょう。

配偶者に適しているのは、明るくさっぱりしていて社交性のある人です。知識が豊富でさまざまなことを教えてくれる人とも、持ちつ持たれつの良い関係を築けます。

日柱が戊寅の有名人……稲垣吾郎　桃井かおり

時柱が戊寅の人

◇理想の自分や憧れること

社会に影響を与えるほどの大活躍を願いますが、名誉や名声を得るより、自分の能力が大きく役立つことに喜びを感じます。特に事業を興すことに関心が強く、起業を考えていたり、既に自社を持っていたりする人も多いでしょう。能力を伸ばすための努力を惜しまず、日頃から社会勉強や実力磨きに手を抜かないはずです。

性格的には、小さな物事にも動じない、器が大きく堂々としたタイプの人物に憧れます。その上に交際範囲が広くて人々から慕われ、先頭に立って大勢を引き連れる人になりたいと願うでしょう。例えば、ベンチャー企業で成功している有名な社長を尊敬しているかもしれません。それ以外にも、偉人伝を読んで心が震えるのではないでしょうか。

◇晩年の運勢

向上心が強く、少々のことではへこたれずに努力を続けるため、年齢を重ねるごとに良い状況が築かれていく大器晩成型。晩年になって特に優れるのが、金運と知識です。お金を使う以上に稼ぐため、貯蓄額は年々増えて大きな財産を築けるでしょう。その上に勉強熱心ですから、知識も順調に増えるはず。女性であっても、生涯熱心に仕事を続ける傾向があります。

ただし健康運は不安定ですから、無理は禁物。特に目や頭脳の疲れにご注意ください。

戊寅が時柱の人の日干別アドバイス

◎日干が乙　通変星…正財

日干と時柱の性質がかけ離れているものの、時支の寅が乙の根となり、安定感を持って夢や目標に近づけます。コツコツと時間をかけて自分を磨き、晩年は大きな役割をこなせるでしょう。財産も少しずつ増える傾向あり。

◎日干が庚　通変星…偏印

知性を活かして専門的な知識や技術を習得し、晩年は教室や執筆で教えを広めたり、社会に役立つ作品を残したりできそうです。ただし晩年の健康運が低調で、健康に無関心なために不摂生をすることが一因と考えられます。

16 己卯 つちのとう

日柱が己卯の人

通変星…偏官
空亡…申酉空亡

◇性格

控えめで物事を粘り強くこなす勤勉さがありますが、内面は明るく話好きで、無邪気さを秘めています。精神的にはデリケートで気に病みやすいものの、持ち前の忍耐強さで困難を乗り切るでしょう。じっくりと考えてから動く慎重さがあり、考えすぎて動けないことも多いようです。

寂しがり屋で人との心の交流を求め、数少ない友人知人に情を注ぎ、長く大事にします。普段は静かでも親しい人にはワガママになる、内弁慶な性質も持っています。

◎運勢

自分が先頭に立ったり表に出たりするのは控え、大事な人に献身的に尽くすことに安らぎを感じます。そのため組織の中の歯車役で、縁の下の力持ちとして頑張ったり、女性であれば子だくさんの専業主婦になったりしやすいでしょう。

素直で情が深い分、家族や友人との関係には恵まれ、周りはいつも温かい雰囲気に包まれます。

◎結婚運

配偶者を表す日支の卯が、自分を示す日干の己からエネルギーを吸い取ります。もともと献身的な性質ですが、結婚後は相手に尽くされるより、一方的に尽くす生活になりそうです。それでも相手の軽やかさが心を明るくし、お互いにない部分を補い合えるでしょう。べったりと過ごすより、それぞれの世界を大事にすることで、安定した関係を築けます。

配偶者に適しているのは、爽やかで社交好きでよく話す、少々気丈さのある人になります。

日柱が己卯の有名人……秋元康　米倉涼子

時柱が己卯の人

◇理想の自分や憧れること

控えめな人生観を持っているため、自分自身がパッと目立って大勢に賞賛される名誉などには、あまり興味がありません。この人が最も理想として重視しているのは、「愛情のある人間関係」。それも家族や友人など、ごく身近な人達との関係の円満さを願っているといえます。例えば、夫婦仲が良くて老後もデートをする仲だったり、ときどき気心の知れた仲間と集ってホームパーティーを開いたり……。他愛無いおしゃべりを通して心がじんわりと温かくなる瞬間に、大きな幸福を感じるでしょう。

何かを育てることにも関心が強く、ガーデニングやペットに関する職業に憧れる人もいそうです。動物愛護に携わり、苦しむ動物を救うことにも喜びを見出せるでしょう。

◇晩年の運勢

何かに献身的にエネルギーを注ぎ、大事にしていく晩年になりそうです。既婚であれば家族の幸せを最優先し、家族にエネルギーを注ぐ人生を選ぶでしょう。それ以外でも、愛する人のお世話をしたり、植物や動物に愛情を注いで育てたりする、という場合もありそうです。自分を盛り立てるより、誰かを幸せにすることを選ぶ傾向があるのです。

知的好奇心は強いですから、外国語を学ぶなど、知的な習い事を続ける姿勢も持ち合わせています。

己卯が時柱の人の日干別アドバイス

◇日干が乙　通変星…偏財

人づき合いに力を入れる傾向があり、晩年は飲み友達や遊び友達に恵まれそうです。その上で慎みのある生活を送り、金銭に困ることもないでしょう。乙酉の人は天戦地冲（てんせんちちゅう）となり、常に現状に不満を抱えやすいようです。

◇日干が庚　通変星…印綬

庚が持つ鋭い性質に、温和さを加えることが人生目標のひとつになります。晩年は恵まれた運勢で、周りからの援助や優しさを得て心穏やかに過ごせるでしょう。ただし晩年の金運は波乱気味で、無駄な投資に要注意です。

庚辰 かのえたつ

日柱が庚辰の人

通変星…偏印
空亡…申酉空亡

◇性格

物静かに見えても猛烈なパワーを秘めていて、何かに集中して突進するときには凄まじい力を発揮します。あふれるほどのエネルギーを使うべく、平凡な生き方では収まらず、常に活動しています。負けず嫌いでライバルがいるほど燃え上がる、ファイターの精神も強い人です。ただし前に進むことや勝つことに夢中になり、周りへの気遣いや歩調を合わせることを忘れがちです。内面を磨くことで、「負けるが勝ち」ということを覚えるでしょう。

◇運勢

パワフルに動ける分、多くの人達も巻き込んで、大規模な物事に取り組める人生です。その上に体力と自信もあるため、浮き沈みなく長く成功を収められるでしょう。自分の人生は自分で切り開く姿勢があり、人に使われることは適さず、独立して成功します。ただしときには無謀な勝負に挑み、大失敗する心配もなきにしもあらずです。

◇結婚運

配偶者を表す日支の辰と、自分自身を示す日干の庚は好相性で、幸せな結婚生活を育めます。配偶者が自分に元気と安らぎをくれますから、結婚後は相手のサポートを受けつつ、安心して自分のやるべきことに集中できるでしょう。

結婚相手に適しているのは、堂々としていてバイタリティーがあり、広い視野と行動範囲を持つ人で、その上に経済力があればベストです。そうした配偶者なら素直に尊敬できて、共に世界を広げられるでしょう。

日柱が庚辰の有名人……安室奈美恵　安倍晋三

時柱が庚辰の人

◇理想の自分や憧れること

周りを気にせずに自分の世界に邁進（まいしん）するような、強い意志と行動力を持つ器の大きい人物に憧れます。その上にパッと人目を引く専門的な才能や技術を持ち、その分野のトップとして君臨している人を尊敬できるでしょう。例えば、オリンピックに出るようなスポーツ選手や、海外でも活躍するほどハイレベルな才能を持つ音楽家やダンサー、書道家などです。そして心の奥では、自分自身もそうした注目される人になりたいと願っています。

経済的な豊かさにも憧れ、資産家になることも夢や理想のひとつとして挙げられます。ただし貯め込むだけではなく、その財産で大きな施設を建てるような社会活動を行い、世間を動かすことの方に強い関心を持つでしょう。

◇晩年の運勢

目標を定めると脇目を振らずにストレートに走り続けますから、若い頃に早く目標を決めるほど、晩年に世間を動かすような大規模な活躍ができます。金運も優れていて、大きなお金を回して大勢を巻き込みながら、やりたいと思っていることを実現できるでしょう。晩年は強靭な体力と精神力に恵まれ、年齢を重ねてもパワーが衰えないはずです。

ただし傍若無人な態度に走り、敵をつくる可能性も否定できません。周囲への思いやりが大切です。

庚辰が時柱の人の日干別アドバイス

◎日干が乙　通変星…正官

日干が示す本質と時柱の性質が大幅に違い、努力を重ね続けても夢が遠く感じるかもしれません。それでも干合することから、強い希望を持って進めるはずです。結果的に晩年には、安定した生活を手に入れられるでしょう。

◎日干が庚　通変星…比肩

庚が並ぶのは戦いの相とされ、好戦的でワガママになる点には要注意です。日干と時干が同じなため、自分を磨くより「自分に合う場所を探すこと」が人生テーマのひとつです。スポーツなど競技的なことに適性があります。

18 辛巳 かのとみ

日柱が辛巳の人

通変星…正官
空亡…申酉空亡

◇性格

頭の回転が速く、ウィットに富んだ話し方や考え方ができる人です。直感力にも優れるアイデアマンで、人が驚くような斬新な案が次々と浮かぶでしょう。冷静に見えても内面には情熱を秘め、常に何かを追い求めて活動し続けます。

ただし頭脳明晰な点は素晴らしくても、行動が伴わないなど机上の空論に陥りがちな面も否定できません。また捻(ひね)りが効く分、悪くすると嫌味的な発言が増えるため、人を不快にさせないように気をつけましょう。

◇**運勢**

日支の巳が日干の辛を溶かすことから、何事も一筋縄ではいかず、苦労の多い人生になりがちです。それも自分に重いノルマを課し、自分で自分に負担をかける傾向があります。ときにはそれが実にならず、無駄な苦しみになることもあるでしょう。

健康運も低く、体力や免疫力に欠けがちに。栄養バランスを取ることが大切です。

◇**結婚運**

配偶者を表す日支の巳が、自身を表す日干の辛を溶かすため、結婚運はあまり良いとはいえません。結婚後は配偶者の都合に一方的に合わせるなど、無理な生き方を強いられる気配があります。制限の多い日々になることを覚悟して、結婚と向き合うといいでしょう。

配偶者に適しているのは、積極的に愛情を示してくれたり、仕事や趣味に熱中していたりする情熱的な人です。ただし献身的なタイプより、少し突き放してくれる人の方が合っています。

日柱が辛巳の有名人……吉永小百合　中居正広

時柱が辛巳の人

◇理想の自分や憧れること

時干の辛も時支の巳も、どこか素直ではなくひねくれた要素を持っています。そのためこの人が憧れるのは、一般的ではない個性的な人でしょう。平凡を嫌いますから、「変わっているね」と言われることが嬉しいかもしれません。そのほかには、「斬新なこと」や「センスが良く美しいもの」にも憧れがあります。

そうした要素をひっくるめると、一般人は着ないような際立った最新ファッションに身を包んでいたり、ＩＴ関係の最新情報にやけに詳しかったりする、大勢の中にいるといい意味で少し浮く感じの人に憧れを持つといえます。

職業であれば、ファッションデザイナーやブティック経営、ゲームデザイナーなど、センスを活かせる職種に惹かれそうです。

◇晩年の運勢

晩年はのんびりした隠居生活には程遠く、常に何かを追い求める活動的な日々が訪れます。求めるものとはお金など物質的なものではなく、新鮮な刺激や感動といった精神的な充実感です。そのため年齢を重ねてもあちこちへ旅行したり、色々な人との会話を楽しんだりと、休むことなく活動し続けるでしょう。宝飾品など美しいものの創作にはまる人もいそうです。

ただしひとつの物事が長く続かず、人間関係もコロコロと変わる傾向があります。

辛巳が時柱の人の日干別アドバイス

◎日干が乙　通変星…偏官

辛の金が草花の乙を傷つけ、理想を追うことが精神的に負担になりがちです。無理せずラクすることを許したり、自分に合う目標を設定したりすることが大切です。晩年の健康運は低いため、疲労やストレスを軽減しましょう。

◎日干が庚　通変星…劫財

鋼鉄の庚を時干の巳の火で熱し、辛という宝石を目指します。荒さを削って細かい視点を持つことも人生目標ですが、自分にも人にも厳しくなる点はご留意ください。無理や無謀により晩年の健康運が悪くなる心配もあります。

19 壬午 みずのえうま

日柱が壬午の人

通変星…正財
空亡…申酉空亡

◇性格

大量の水を表す壬と、燃え盛る火を表す午という、ダイナミックな星の組み合わせです。ただし水が鎮火させることから、そのエネルギッシュな性質は少し抑えられます。陽気な雰囲気と感情豊かな素直な性格が人目を引いて、多くの人から注目されます。内面には未来への情熱を秘めますが、根は真面目で約束をしっかりと守る誠実さがあり、信頼されるでしょう。その反面飽きっぽく、ひとつのことが長続きしない傾向も見受けられます。

◇運勢

水と火が衝突するため、浮き沈みの多い波乱に富んだ人生になりがちです。好奇心旺盛で色々な趣味や専門技術に着手しますが、すぐに挫折してやめるなど、中途半端になる傾向も。人間関係も、仲良くしては衝突することを繰り返しがちに。忍耐強さを身につけることで、何事も大成するはずです。植物と接すると運が安定します。

◇結婚運

配偶者を表す日支の午と、自分自身を表す日干の壬は、共にダイナミックながらもほぼ正反対の性質です。そのため結婚後は、大笑いしたり大喧嘩したりと波風の激しい生活になるでしょう。お互いに我が強く譲らないタイプですが、どちらかというと相手が折れてくれます。

配偶者に適しているのは、裏表なく白黒はっきりしていてカラッとした明るい人です。自分とは違う性質の結婚相手と過ごすことで、人生に奥行きが出てくるでしょう。

日柱が壬午の有名人……松嶋菜々子　近藤春菜

時柱が壬午の人

◇理想の自分や憧れること

大量の水と燃え盛る火がダイナミックに衝突する時柱ですから、安定して落ち着いている人生は好まない傾向があります。常に何かに激しい感情をぶつけて燃え上がりながら、意気揚々とした人生を歩むことを望むでしょう。退屈を嫌い、感動したりときめいたりとハラハラドキドキ感情を揺れ動かすことが、人生の醍醐味(だいごみ)だと感じるのです。

そうしたことから、この人の人生目標は、「財産を築く」というような物質的な要素が薄くなっています。あくまでも精神的な充実感、幸福感を重視しているのです。ときには精神的な世界を好むあまり、占いにはまったり、宗教に依拠したりする人もいるでしょう。同時に芸術にも憧れ、画家や音楽家を目指す人もいそうです。

◇晩年の運勢

常に心を動かしていたいという欲求が実り、晩年は色々なことを謳歌する日々になりそうです。特に感受性を刺激する映画や音楽、占いやスピリチュアル、何かの創作にはまったり、携わったりしているかもしれません。少年少女のような恋心を持ち続ける場合もあるでしょう。

ただし晩年は飽きっぽく、すぐに挫折しては次に飛び移ることを繰り返す気配もあります。健康運も低いため、特に飲酒や間食など嗜好品(しこうひん)を控えることがお勧めです。

壬午が時柱の人の日干別アドバイス

◎日干が乙　通変星…印綬

時柱の水と火を乙の木が調停するため、晩年は恵まれた運勢です。手が届かないと思える夢や理想であっても、周りの協力を得てスムーズに叶えられるでしょう。特に翻訳や通訳、執筆など、言葉を使う職業で成功しそうです。

◎日干が庚　通変星…食神

持ち前の知性や特技を活かし、より良い晩年にするために努力を重ねられます。その結果、刺激あふれる充実した日々を送れそうです。ただし自分を犠牲にしてまで頑張り、健康や家庭状況が悪化しやすい点は要注意です。

20 癸未 みずのとひつじ

日柱が癸未の人

通変星…偏官
空亡…申酉空亡

◇性格

物静かで穏やかに見えて、内面には強い意志と情熱を秘めた頑固な人です。凝り性で簡単には気持ちを変えず、一度これをやると決めたら時間をかけてでもトコトンまで突き詰めるという、徹底的に物事を追求する面もあります。目標達成のためには手を抜かず、ときには人と衝突することもありそうです。

冷酷なようでいて人情味は厚く、尊敬する人や自分を慕う人を大切にします。家族愛も深く、何よりも家族を一番に思って尽くすでしょう。

◇運勢

忍耐強い努力家ですから、少々のことでは揺るがない安定した人生を築きます。無駄を嫌い、実直に自分の役割に邁進するため、趣味や遊びで羽目を外す場面は少ないはず。その分、社会や家族に貢献して、人から頼られる人物に成長します。若い頃は苦労が多い、大器晩成型といえる人です。

健康面は、体の冷えと血行不良に要注意です。

◇結婚運

配偶者を表す日支の未と、自分自身を示す日干の癸は、衝突しがちな相性です。結婚後は配偶者の真面目さと几帳面さが、自分の感受性や自由を押さえつけていると感じるかもしれません。趣味や趣向も違う傾向があるため、結婚後は一緒に活動するシーンを減らし、それぞれの世界を大切にすることが上手くいく秘訣です。

結婚相手に適しているのは、真面目で仕事や家事の手を抜かないしっかり者で、精神的、経済的に安定している人です。

日柱が癸未の有名人……堺雅人　栗原はるみ

時柱が癸未の人

◇理想の自分や憧れること

控えめな性質の陰干支ですから、スターのように大勢の前で華やかに目立つような成功には興味がないでしょう。それよりも内面の充実感や、身近な人達との温かい交流を大事にしたいと考えます。あまり人目にはつかなくても、自分自身が平和で穏やかであればベストだと思えるのです。

それ以外には、何かひとつの分野を徹底的に極めることにも、強い関心があるはずです。例えば就職したら、会社が関わる専門分野をトコトン研究したいと思うでしょう。趣味の分野に徹底的に入り込み、その道のプロになる……ということにも憧れを感じそうです。「静かに、自分の好きな世界に没頭すること」。それが、この時柱の人の人生目標なのです。

◇晩年の運勢

内面の充足感を求め続けることが功を奏して、晩年は波風の少ない安定した静かな幸福をつかめそうです。周りから見て目立つ活動はしませんが、心の中は好きな世界で満ちて、濃い毎日を送っているはず。例えば、専門分野の研究に浸っているかもしれませんし、家族愛に満ちて献身的な日々を過ごしているかもしれません。

若いときに派手に動いていた人ほど、静かな日々に喜びを感じますが、視野と交際範囲が狭まる点は難点ともいえそうです。

癸未が時柱の人の日干別アドバイス

◎日干が乙　通変星…偏印

大変控えめですが、細かい気遣いを忘れない優しく繊細な人です。晩年は目立たなくとも、自宅で料理や手芸を楽しむような、穏やかな日々となるでしょう。経済面の動きは小さいため、収入を増やすことがひとつの課題です。

◎日干が庚　通変星…傷官

日干と時柱の馴染みが良く、比較的スムーズに理想の人生を歩めます。ただし自分を犠牲にして、好きな人や物事にエネルギーを注ぐ面もありそうです。部下や弟子など目下の人の協力により、良い人生を築けるでしょう。

21 甲申 きのえさる

日柱が甲申の人

通変星…偏官
空亡…午未空亡

◇性格

頭の回転が速くて機転が利き、上手に空気を読んで的確に動ける人です。向上心と瞬発力があり、思い立ったら即行動を起こせる積極性もあります。ユーモアにあふれた内面を上手く表現できるため、大勢に好かれるスター性も持ち合わせています。

ただし、好き嫌いがはっきりしている上に目立ちたがり屋と粗も多く、強く出ると人の反感を買うこともあるでしょう。意外と芯は弱く、一度挫折すると立ち直りに時間がかかる面もあります。

◇運勢

良く出るか悪く出るか、白黒はっきりした運勢です。得意分野で邁進すれば、驚くほど伸びて大成功を収めるでしょう。深く考えずに衝動で動くことで、ときには大失敗を犯すこともあります。甲の大木が申の金で、バッサリ切られる状態です。健康運も不安定なので、油断禁物です。

水辺に住むなど、水と関わることで運勢が安定します。

◇結婚運

配偶者を表す日支の申が、自分自身を表す日干の甲を切り倒すという相性で、結婚運はあまり良いとはいえません。結婚後は自由行動を抑え、相手の意志やペースに合わせる必要が出てきます。一緒に趣味やレジャーを楽しめますが、ときにはキツイ言動で傷つけられることも。別々の世界を持つことが大切です。

配偶者に適しているのは、頭が良くてユーモアがあり、多趣味で人生を楽しんでいる人。家庭的なタイプでは、退屈感を覚えがちです。

日柱が甲申の有名人……さかなクン　藤原紀香

時柱が甲申の人

◇理想の自分や憧れること

すくすくと大木が育つように、ひとつの分野で華々しく成長し、注目を集めたい……という大規模な夢や理想を持ちます。ひと言でいえば、「目立ちたい」という願望を強く秘めている人です。大勢の中にいてもパッと人目を引くような、際立つ個性を持つ人物に憧れる傾向があるのです。

それは決して自己満足のためだけではなく、根底に「人を楽しませたい」という気持ちがあるためです。人の心を明るく元気にすることに喜びを感じるという、純粋な性質なのです。ですからユーモアセンスが優れた人にも憧れ、そうした人物を目指したいと願うこともあるでしょう。

職業では、タレントやお笑い芸人、ユーモラスな文を書く作家などに惹かれる傾向があります。

◇晩年の運勢

注目されることを求めますから、常に表に出ていく姿勢があります。例えばＳＮＳに笑える記事を次々と投稿をしたり、地域の役員に積極的に立候補したりするでしょう。それが実って大勢から好かれ、晩年はにぎやかに過ごせるはずです。心根も良く、自己犠牲も厭わずに、積極的に人の面倒を見ていくことでしょう。

ただし晩年の健康運は不安定なため、油断は禁物。元気だと思っても急に体調を崩す心配があるので、無理を重ねてはいけません。

甲申が時柱の人の日干別アドバイス

◎日干が乙　通変星…劫財

乙の草花が甲の大木を目指す姿であり、大規模な夢や理想を持つ人です。目標が高すぎて心身を疲れさせたり、希望を見失ったりすることもあるでしょう。水性が強い年運か大運の時期に、一気に理想に近づけるはずです。

◎日干が庚　通変星…偏財

甲と庚は相剋ですが、時支の申が庚の根になり、大事には至りません。目標を追う上で挫折がつきまとうものの、それが結果的に晩年を豊かにします。特に晩年の金運が良好で、楽しむためのお金には困らないでしょう。

22 乙酉 きのとり

日柱が乙酉の人

通変星…偏官
空亡…午未空亡

◇性格

控えめで気弱そうに見えますが、芯が強くしっかりしていて、裏表のない一本気な性格です。頭の回転が速くて決断力と瞬発力に優れ、一度これと決めたら突っ走り、止まらなくなる勢いの良さも。ユーモアセンスも携え、人の心を明るくする才能もあるでしょう。

何事も思い通りに動かしたいと感じる、勝気で少しワガママな面も持ち合わせています。協調性には欠けるため、人から好かれやすい分、身近な人を振り回すことも多いでしょう。

◇運勢

何事も自力でストレートに突き進む分、成功と失敗が両極端になりがちです。気分屋のため一度成功しても長続きせず、また次の分野へ進むことを繰り返す可能性もあります。勝ち気で人に譲らない性格が悪く出ると、周りは敵ばかりで味方ができず、自ら不利な状況に追い込まれてしまいます。協調性と下準備の大切さを学びましょう。

◇結婚運

配偶者を表す日支の酉が、自分自身を表す日干の乙を剋しています。結婚後は一方的に配偶者のペースに合わせて、自分を抑える生活になりそうです。そうした結婚生活を通して、人のために尽くす喜びを覚えられるはず。その上で相手から元気をもらえるでしょう。

結婚相手に適しているのは、明るくカラッとしていて強い意志を持つ、活動的な人です。少しくらいワガママな方が良く、おとなしく献身的なタイプでは物足りなさを感じそうです。

日柱が乙酉の有名人……宇梶剛士　多部未華子

時柱が乙酉の人

◇理想の自分や憧れること

陰干支の時柱のため、大勢に賞賛される華やかさにはあまり興味がありません。この人の人生目標をひと言でいうと、「好きな世界を自由気ままに楽しむこと」であるといえるでしょう。

時支の酉は、楽しいこと、ウキウキすることを求めています。ですから例え成功して高収入を得たとしても、朝から晩まで仕事に明け暮れる生き方は好まないはず。女性であっても、ただ家族に尽くすだけではつまらないと感じるでしょう。常に趣味や遊びの予定を詰めて、友達や仲間とワイワイ楽しみたいと願うのです。

勉強は好きですから、趣味に関する学びを深め、仕事にすることには憧れを感じるでしょう。アニメ関係や好きな分野のグッズ制作に惹かれる人もいそうです。

◇晩年の運勢

色々なことを楽しみたいという好奇心が功を奏し、晩年は多趣味で多くの友人知人に恵まれる、遊び心のある日々を送れる予感があります。手先の器用さを活かして何かの創作技術も身につけ、それを仕事にしている場合もあるでしょう。

ただし楽しさを追求するあまり、根気に欠けて人間関係がコロコロ変わるなど、物事が長続きしない傾向も。酉が乙を剋すため、健康運も不安定です。不摂生による体力不足や突然の疾患にはご注意ください。

乙酉が時柱の人の日干別アドバイス

◇日干が乙　通変星…比肩

日干と時干が同じなため、「自分らしく生きること」が人生のテーマのひとつです。愛嬌がありモテますが、向上心が薄い分、ワガママ三昧にならないように自重して。水性が強い年運か大運の時期に、幸運が訪れます。

◇日干が庚　通変星…正財

日干と時干が干合している上に、時支の酉が庚の根になり、ロマンを持って前向きに夢や理想を追うことができます。ただし人間関係をないがしろにしやすい点は自重して。晩年は体調も崩しやすいので、健康管理を大切に。

23 丙戌

ひのえいぬ

日柱が丙戌の人

通変星…食神
空亡…午未空亡

◇性格

丙の火が土の戊にエネルギーを与え、安定感のある性質です。明るく大らかで小さなことにこだわらず、周りの雰囲気を朗らかにします。その上に根は真面目で責任感が強く、約束を守る律儀さがあります。人間が好きで孤独を嫌うことから、周りの人達に好かれて信頼されるでしょう。

ただし自信過剰になりやすい点は災いし、周りの空気を読まなかったり、地道な努力を避けたがったりする面も。それで遅れを取ることがあるかもしれません。

◇運勢

あくせくしない性質により、生涯の運勢も比較的安定しています。人生の波風は大きいですが、揺るぎない自信や楽観性により、しっかり乗り越えられるでしょう。

仕事好きで人の面倒見も良いことから、お金にも困らない人生です。特に食に関心が強く、グルメに走る可能性も。健康運は高めですが、生活習慣病には要注意です。

◇結婚運

配偶者を表す日支の戌と、自分自身を表す日干の丙は好相性で、安定感のある幸せな結婚生活を送れます。自分が配偶者にパワーを与える関係で、相手はあなたと一緒にいると元気で前向きになれると感じるでしょう。共にグループレジャーに参加するような、仲良し夫婦になれるはずです。

結婚相手に適しているのは、仕事熱心で真面目で責任感の強い人です。少々頑固な人の方が、頼り甲斐を感じます。気弱な相手では、不満を抱えるでしょう。

日柱が丙戌の有名人……橋本環奈　ホラン千秋

時柱が丙戌の人

◇理想の自分や憧れること

時干の丙は、世の中にパッと華やかに出ることを望む星で、この人もそうした願望を持つ傾向があります。しかし時支の戌が、それを少し落ち着かせます。ただ単に注目されることを求めるのではなく、「社会に役立つこと」を前提に、大きな活動をしたいと願うでしょう。

特に事業を通して社会貢献することに、喜びを感じそうです。例えば料理が得意であれば、飲食店を経営して地域の人達を笑顔にすることが生き甲斐になるでしょう。会社勤めであれば、業績を上げてトップクラスの成績を取ることで、満足感を得られるはずです。

性格的には、物事に動じずどっしりとした、安定感があり頼れる人物を素直に尊敬し、自分もそうでありたいと熱望しそうです。

◇晩年の運勢

丙が戌にエネルギーを与えるため、周りに振り回されない安定感のある晩年を送れます。引きこもらずに表に出ていき人目につきますから、自然と周りに人が集まり、孤独とも無縁のよう。頼られることが多く、地域などグループのまとめ役として、明るく活動できるでしょう。

年齢を重ねて経験を積めば積むほど自信が強まり、性格も状況も安定感が強まっていきます。そのため晩年になるほど大規模な活動ができる、大器晩成型だといえます。

丙戌が時柱の人の日干別アドバイス

◎日干が乙　通変星…傷官

日干と時柱のスケールが違い、人一倍高い目標を掲げて邁進する人です。目標を追うことに人生を費やし、自分自身や家族を犠牲にする傾向も。実力者に頼ることでラクになるでしょう。晩年の金運はまずまず安定しています。

◎日干が庚　通変星…偏官

時干の丙が庚を溶かし、夢や理想を追うことで自分を鍛え上げられ、強くなれます。専門分野の才能が磨かれ、第一人者になれるでしょう。ただし自尊心が強い分、晩年は勝気な態度を取り、周りと馴染みにくい傾向も。

24 丁亥 ひのとい

日柱が丁亥の人

通変星…正官
空亡…午未空亡

◇性格

丁の火と亥の水がストレートに衝突する、独特な日柱です。純粋で感情の起伏が激しい性質ですが、普段は真面目で伸び伸びしていて、暖かい雰囲気を持っています。ただし大勢で過ごすなど周りの歩調と合わせることを嫌い、自分のペースで物事を進める姿勢があります。人と適度に距離を置く傾向もあるでしょう。

行動面は、非常に真面目で勤勉で、常に止まることなく前進を目指します。それは心の中で、感情が揺れ動いていているためです。

◇運勢

大変恵まれた運勢を持つ人です。常に周囲からの援助に恵まれ、何事も順調に進むでしょう。人一倍豊かな感性を上手に活かせるため、特にデザインや絵画、音楽など芸術的な創作分野で、人をうならせる作品ができます。

ただし精神性が強い分、金銭欲は薄い方です。ときには現実逃避に走り、精神世界にはまることもありそうです。

◇結婚運

配偶者を表す日支の亥の水が、自身を表す日干の丁の火を消す、良いとはいえない相性です。結婚後は自分を抑え、相手のペースに合わせる生活になりがちに。結婚後もべったりせず、それぞれ別世界を持つのがベストです。

性質が正反対であるため、理解し合うことが難しいと感じることも。しかしその異質さが、お互いに相手の成長を助ける場面が多々あるはずです。

結婚相手に適しているのは、愛情深くても冷静で、強い意志を持つ人です。

日柱が丁亥の有名人……所ジョージ　桜井和寿

時柱が丁亥の人

◎理想の自分や憧れること

丁の火も亥の水も、強い感情と感受性を持つことを示します。ですから真面目で安定した人生より、毎日激しい感情に動かされるような、ハラハラドキドキする刺激的な人生を求めています。例えばある程度の年齢を重ねても、いつも誰かに恋をしてときめいていたり、スポーツ観戦や創作など趣味に熱中したり……。「ドラマチックな人生を歩む」というのが、この人の人生目標であるといえます。

職業では、演奏を楽しむ音楽家や、個性的な商品を生み出すデザイナーなど、クリエイティブな職種に憧れを感じるでしょう。それも枠にはまって動くのではなく、自由気ままに活動するタイプです。

あくまでも内面の充実を重視し、社会的成功は度外視する人なのです。

◎晩年の運勢

ドラマチックな人生を求める姿勢が功を奏し、感動する場面の多い晩年を呼び込めそうです。色々な趣味を持って日々あちこちへ出向いたり、芸術的な才能を活かして創造活動に熱心だったりするでしょう。仕事や家庭など型にはまった世界と距離を置き、独自の世界に打ち込む人もいそうです。

ただし、自由奔放さを求める姿勢が悪く出ると、アウトロー的な生活になりがちです。健康状態も不安定になるので、先を見ながら動くことも大切です。

丁亥が時柱の人の日干別アドバイス

◇日干が乙　通変星…食神

乙の木性が、時柱の火と水を調和させます。高い目標を掲げて頑張る姿勢がなくても、気がつけばにぎやかな晩年になっていた……という感じに。特に創作的な才能に恵まれ、晩年も大勢の人を楽しませられるでしょう。

◇日干が庚　通変星…正官

丁の火が庚の鋼鉄を鍛え上げ、年齢を重ねるごとに精神的に強くなれます。あまり一般的ではない専門的な技術を身につけ、それが人生の支えになる可能性も。甲が回る年運か大運の時期に、大きな成果を出せるでしょう。

25 戊子 つちのえね

日柱が戊子の人

通変星…正財
空亡…午未空亡

◇性格

どっしりと落ち着いた雰囲気を持ち人に安心感を与えますが、内面には豊かな感情を秘める人情家です。普段は真面目で物事を几帳面にこなし、自分の役割に手を抜きません。通変星が正財のため、経済的豊かさを目指し熱心に仕事をこなす傾向があります。

家族や友人、自分を頼る人に対して情を注ぎ、面倒見が良いでしょう。ときには激しい感情に押し流されて冷静さを失い、何も手につかなくなったり自暴自棄になったりすることもあります。

◇運勢

好きな世界に一途に集中する上に仕事熱心なため、専門分野で活躍できるでしょう。ただし忍耐力に欠けて挫折に弱く、いくつかの転身を繰り返す可能性も。会社勤めより、自由に活動できる社長やフリーランスの方が、充実感を持って仕事に打ち込めます。

健康運は思わしくありません。体力不足で常に疲れを感じる傾向があります。

◇結婚運

配偶者を表す日支の子を、自分を表す日干の戊が剋す相性で、結婚生活には工夫が必要です。自身の頑固さや自我の強さが、配偶者を傷つけたり、疲れさせたりする場面が多いでしょう。仕事ばかりに集中せず、家族に尽くす時間を持つことが大切です。

結婚相手に適しているのは、豊かな愛情を持ち家族を大事にする、献身的なタイプです。男性の場合は黙ってついてくる古風な女性、女性の場合はマイホームパパを選べば、温和な家庭を築けます。

日柱が戊子の有名人……香取慎吾　本田圭佑

時柱が戊子の人

◇理想の自分や憧れること

陽土の戊は揺るぎない安定感を持ちますから、ひとつの役割に生涯を賭けて打ち込み続けることが、理想の生き方だと感じます。自分の力を使って社会に貢献し、その上で大きな収入を得て経済的にも安定すれば、素晴らしい人生だと思えるはずです。ただしそれだけではなく、時支の子は人生に、「豊かな愛情」も求めています。ただ仕事に邁進するだけでは心もとなく、それを支えてくれる家族や恋人、そして温かい仕事仲間を必要としています。そんな公私共に満たされた充実した日々を送ることが、究極の目標であるといえるでしょう。

職業では、多くの人材を育てる教室運営や、子供向け事業など、温かさのある業種で独立することに憧れる傾向があります。

◇晩年の運勢

真面目に生きる姿勢が強いですが、戊の土と子の水の相剋により、やや浮き沈みの多い人生になりがちです。ひとつ職に邁進しようとしても、好き嫌いが出て挫折するなど、忍耐力が必要に。特に晩年は気持ちが沈みやすいため、一度落ち込むと立ち直るのに時間がかかり、エネルギーを無駄にする傾向もあります。

年齢を重ねるほど、経済より愛情を重視するとプラスになります。子孫には恵まれますから、家族と過ごす時間を大切にしましょう。

戊子が時柱の人の日干別アドバイス

◎日干が乙　通変星…正財

大きな目標を掲げ、コツコツ地道に前進する姿勢があります。周囲の協力も得られ、理想的な晩年を迎えられるでしょう。特に家族運が強く、良い子孫に恵まれそうです。金運も良好で、知恵を活かして財産を築けます。

◎日干が丙　通変星…食神

誠実な生き方を求めるため、自我の強さを矯正し、忍耐力をつけることが人生目標のひとつです。晩年は家族や友人に尽くし、やや自分を犠牲にする傾向があります。散財に走る心配もあるので、節約意識を育てましょう。

◎日干が庚　通変星…偏印

庚の金が、時柱の土と水を調停します。専門的な知識や技術を取得し、それにより比較的スムーズに、理想の状況を得られるでしょう。部下や生徒などの目下運も良く、支え合える関係を築けます。晩年の金運も良好です。

◇日干が辛　通変星…印綬

辛の金が、時柱の土と水を調和させ、周囲との連係プレーが順調です。経済面や愛情面での野望を持ち、根気よく時間をかけて目標に到達できるでしょう。子供運も良好で、晩年は金運のみならず家族愛にも恵まれます。

26 己丑　つちのとうし

日柱が己丑の人

通変星…比肩
空亡…午未空亡

◇性格

己という湿った土と、丑という極寒の土の組み合わせです。真面目で保守的で、辛い状況の中でも黙々と歩み続ける大変忍耐強い人です。人前に出て目立つことは不得意で、陰ながらも自分の役割を地道にコツコツと完遂することに、満足感や喜びを感じるでしょう。

冬の土といっても根は温厚で情が深く、家族や友人への愛着は人一倍強くあります。人見知り気味ですから、人間関係は広げるより、狭く深い方が居心地の良さを感じるはずです。

◇運勢

常に安心できる道を模索するため、生涯を通して波乱は少ない方です。温厚な性格でも通変星は比肩と強さがあり、独立心から会社や店を立ち上げる人もいるでしょう。保守的で人間関係は広がりにくいものの、その分、家族や昔からの友人との交際が密になります。

金運には非常に恵まれていますが、使わず貯め込む傾向があります。

◇結婚運

配偶者を表す日支の丑と、自分自身を表す日干の己は同じ土性で、似通った性質です。ですから、結婚後はどちらかが一方的に尽くす関係ではなく、友達夫婦のように何でも言い合い支え合える、爽やかな関係を築けるでしょう。結婚後の金運も優れ、財産を築けます。

結婚相手に適しているのは、共通の価値観を持つ人です。できれば対等という意味で、同年代がいいでしょう。その上で、忍耐強く真面目でよく働く人であればベストです。

日柱が己丑の有名人……滝沢カレン　松坂大輔

時柱が己丑の人

◇理想の自分や憧れること

周りの羨望を集めるような名誉や人気などには、あまり関心を持ちません。この人が憧れることをひと言でいうと、「穏やかに実直に生きること」だといえるでしょう。精神的な高揚感より現実的な豊かさと安定を求める、名より実を取るタイプなのです。

たくさんの物事を抱え込むより、本当に大事な人や世界で身辺を固めることに、喜びや安心感を覚えます。慣れた仕事をコツコツとこなし、それによって豊かな収入を得て、大切な家族と自分が食いっぱぐれず、衣食住に恵まれた生活を送る……そんな心穏やかな毎日が理想であると感じるでしょう。

それ以外に、「愛に生きる」という理想もあります。本当に大事なものがひとつあるだけで、満足できるのです。

◇晩年の運勢

家族や慣れた仕事を大事にする安定志向が功を奏して、波風の少ない穏やかな晩年を迎えられます。豊かな経済力を持ち、マイホームも手に入れて、どっしりと落ち着いた生活を送れるでしょう。

ただし「平和が何より」という姿勢が向上心を遠ざけ、下手をすると惰性に流される気配もあります。そうなると活力を失い、部屋は雑然とし、体調を悪化させるという悪循環に。特に体を冷やし代謝が下がりやすいので、適度な運動を心がけましょう。

己丑が時柱の人の日干別アドバイス

◎日干が丙　通変星…傷官

朗らかで親切で、何かと周りから頼られる人です。日干と時柱の馴染みは良く、特に理想を掲げて頑張らなくても、穏やかな良い晩年を築けるはずです。周りに尽くすことが功を奏し、子孫運にも金運にも恵まれるでしょう。

◎日干が辛　通変星…偏印

日干が時柱に援助される命式で、若い頃は苦労をしてもそれが実り、晩年になるほど人生がラクになっていきます。専門知識や技術を使い、財産も順調に増えるでしょう。部下など目下の人が力をくれて、子供運も良好です。

27 庚寅 かのえとら

日柱が庚寅の人

通変星…偏財
空亡…午未空亡

◇性格

明るくパキッとした雰囲気を持つ、竹を割ったような爽やかな性質です。その上に頭の回転が速く、空気を読んで状況を的確に捉え、積極的に最新情報を収集します。誰とでも上手に話を合わせられるため、大勢から好かれて楽しい交流ができるでしょう。

ただし庚の金が寅の木を切り倒すように、粘る姿勢に欠けて飽きっぽく、挫折しやすい点は難点といえそうです。それでも好奇心は旺盛ですから、次々と新鮮な経験を重ねていくはずです。

◇運勢

軽いフットワークを持ちマンネリを嫌うため、人生上で転職や移転を繰り返すなど、やや地に足がつかない傾向があります。結果的にさまざまな経験を積み、それが視野を広げることにつながるでしょう。情報関係など常に流行を追う変化の激しい職種では、頭角を現わせます。お金に執着が薄く散財を厭わないため、金運は低めです。

◇結婚運

配偶者を表す日支の寅を、自身を表す日干の庚が切り倒す相性です。結婚後も自分の生活ペースを保とうとして、配偶者にワガママに振る舞ったり、相手の領域を犯して苦痛を与えたりする可能性があります。価値観が微妙に違い、衝突することも多いかもしれません。それぞれ別の世界を持ち、友達のような夫婦になることが理想です。

結婚相手に適しているのは、社交的でよくしゃべる、爽やかな人。静かな人では物足りなさを感じるでしょう。

日柱が庚寅の有名人……柳楽優弥　マツコ・デラックス

27 庚寅

時柱が庚寅の人

◇理想の自分や憧れること

同じ場所でジッと安定することを嫌い、人生において常にワクワクするような新鮮さと軽やかな動きを求めます。この時柱の人が憧れるのは、ひと言でいうと「常に新しい何かを追い求める人生」だといえるでしょう。

ただし陽干ですから、自分が心の中で楽しむだけでは物足りず、社会に出て華々しく活躍し、広く影響を与えたいという願望も持っています。特に新しい情報を好むことから、職業では雑誌や新聞、フリーペーパーなどの編集者、テレビのアナウンサーやコメンテーター、タレントに憧れを感じそうです。

性格的には、周りの流れを気にせず意見をズバズバと話せる、鋭さと辛辣（しんらつ）さを持つ人物に惹かれる傾向が。自分もそうなりたいと願うのでしょう。

◇晩年の運勢

好奇心旺盛さが功を奏し、晩年は色々な趣味に馴染んでいたり、数多くの友人知人がいたりするでしょう。音楽やダンスなど人前で披露できる特技を磨き、表舞台に立てる人もいそうです。飽きっぽさや根気の無さが足を引っ張り、もう少しで一流……という時点で退く場合もありますが、基本的には挑戦の多い晩年になりそうです。

ただしときには多くを求めて厳しくなり、自分で自分を傷つけることも。楽しむことを優先することがお勧めです。

庚寅が時柱の人の日干別アドバイス

◇日干が丙　通変星…偏財

華やかさと強さを持ち、自然と目立つ人です。自ら厳しい世界に飛び込み、周りから抜きん出ようと努力する傾向が。競争に加担するなど、波風の激しい人生になりがちです。晩年は、散財が過ぎる気配があるので要注意。

◇日干が辛　通変星…劫財

辛の砂金が、庚の鋼鉄を目指して頑張る命式です。どれだけ夢や理想に近づいても満足できず、心身のバランスを崩しやすい様子。日常の中の楽しみを大切にしましょう。水性が強い年運か大運の時期は、順調な流れに。

28 辛卯 かのとう

日柱が辛卯の人

通変星…偏財
空亡…午未空亡

◇性格

無邪気で愛嬌があり、細かいところによく気がつく繊細な目線や感情を持っています。辛の金が卯の木を剋すため、よく話す割には自信がなく、常に迷いがつきまとい、何かひとつの物事に全力投球しにくいようです。些細なことでも傷つきやすい分、表に出て目立つことは苦手で、セカンド的な役割に安心感を覚えるでしょう。

楽しいことが好きですから、何かを成し遂げようと頑張るより、趣味やレジャー、社交に時間を割く傾向があります。

◇運勢

細かいことに目が向く分、日頃から小さな悩みを抱えがちで、物事の大局を見落とす傾向が。そのため目標を明確にしなければ、大きな物事を成し遂げることが難しいでしょう。水性が強い年運か大運が巡る時期には、大きな援助により成功を収められるはずです。健康運は、あまり良いとはいえません。足腰を鍛えることがお勧めです。

◇結婚運

配偶者を表す日支の卯を、自分自身を表す日干の辛が傷つける相性です。結婚後は配偶者に自分の価値観を押しつけるなど、無意識のうちに強気に出て、相手を押さえる傾向があります。結婚相手との人生観が違う場合が多いので、理解し合う姿勢を持ち、相手の自由を奪わないことが大切です。

結婚相手に適しているのは、強い意志を持ち、明るくおしゃべり好きな社交家です。共通の趣味や話題がある人の方が、楽しい家庭を築けるでしょう。

日柱が辛卯の有名人……滝川クリステル　イチロー

時柱が辛卯の人

◎理想の自分や憧れること

陰干支であり、大勢から賞賛されるような大成功や派手さは求めていませんが、陰に潜みすぎるような辛気臭い生き方には抵抗を感じます。

この時柱の人が憧れるのは、ひと言でいうと「美しく洗練された人生」であるといえるでしょう。例えば、ファッションに関心を持ち、楽しく日々のトータルコーディネートを考えたり、高い知性とセンスを活かして、花やアートなど美に関する趣味を持ったり……。周りから見て「お洒落だな」と思われることに、喜びを感じるのです。そうした点では、人目を気にするタイプだといえるでしょう。

精神的な幸福感を重視するため、財産への執着は低めです。貯蓄するより、日々を美しくするために投資したいと願うのです。

◎晩年の運勢

バリバリ頑張って成功する気概には欠けるため、晩年の勢いはそれほど強くありません。それでもこだわりを散りばめ、洗練された生活を送れるでしょう。美しい物を創作する趣味に興じたり、気が合う人達とパーティーを開いたりと、楽しむ工夫を忘れないのです。

ただし視野が狭くなりやすい分、晩年は価値観が違う人との衝突にご注意ください。健康運も、あまり良いとはいえません。運動不足と頭脳酷使により、精神が疲れやすいようです。

辛卯が時柱の人の日干別アドバイス

◎日干が丙　通変星…正財

日干と時柱の性質が乖離しているものの、干合していて夢や理想にワクワク感を覚えます。晩年は持ち前の明るさが人気を呼び、にぎやかに趣味や遊びを楽しめるでしょう。金運も高めですが、ぜいたく志向になりがちです。

◎日干が辛　通変星…比肩

辛が並ぶ命式で、神経が細めの分、精神的な苦労が多い人生になりがちです。日干と時干が同じなため自信はあり、向上心に欠ける傾向が。言葉がきつくなりやすいので、コミュニケーション術を磨くことがお勧めです。

29 壬辰 みずのえたつ

日柱が壬辰の人

通変星…偏官
空亡…午未空亡

◇性格

冷静で落ち着いて見えますが、内面には強靭なパワーを秘める、強固な意志を持つ人です。頑固で一度決めたことは最後までやり通す真っすぐさがあり、自立心が強く、簡単に人に頼りません。チャレンジ精神が旺盛で、常に難しいことに立ち向かう姿勢があります。自分に厳しい人だといえるでしょう。

人情は深いですが、対人面ではどこか客観的で人を静観しがちです。人前であまり弱音を見せない分、心の中では孤独を抱えていることもあります。

◇運勢

真っすぐな性格ですから、好きな世界にトコトン集中する傾向があります。強固な意志と人一倍のパワーで、その世界の第一人者として君臨することも可能です。仕事では人に使われるより、自営業やフリーランスで能力を発揮できるでしょう。

活動力に優れる分、大金を稼ぐことができます。ただし健康面は、血行不良に要注意です。

◇結婚運

配偶者を表す日支の辰が、自分自身を表す日干の壬を剋しています。そのため、自分が配偶者のペースに合わせる結婚生活になるでしょう。ただし壬も辰もダイナミックなパワーを持つ星ですから、どちらか片方が相手に尽くすのではなく、お互いに自分の世界を持ち、共に活躍を応援する形がベストといえます。

結婚相手に適しているのは、パワフルで芯が強く、何かの目標を目指して頑張るタイプです。気弱な人では、物足りないと感じるでしょう。

日柱が壬辰の有名人……大谷翔平　広末涼子

29 壬辰

時柱が壬辰の人

◇理想の自分や憧れること

壬も辰もパワフルな星ですから、自分自身が満足するだけの人生では物足りないと感じがちです。自分が持つエネルギーを最大限に活かして、多くの人達を巻き込んで注目されることを求めています。

一般的な人物の中では、社会的に大活躍して注目されているカリスマ的な人物に、憧れと尊敬を感じます。ただしアイドルのような派手さではなく、真の実力を伴い、それを活かして人々を動かす人に惹かれるのです。例えば、事業を興して一代で大企業にのし上げた社長や、次々と主役の映画を大ヒットさせるベテラン俳優など……。自分自身もそのように、自分のパワーを活かして大勢に影響を与えたいと願うでしょう。何事もトップクラスを目指す傾向があるのです。

◇晩年の運勢

どの世界にいても活躍を望みますが、ただ棚ボタ的な成功を待つという甘い考えはありません。夢や理想を実現させるために、現実的な努力を重ねる堅実さがあります。特に若い頃から目標が定まっていれば、晩年は長年の積み重ねが実り、その世界の第一人者になれるでしょう。高い意欲で、女性であっても生涯現役を貫くことも可能です。

ただし本心や弱音を出しにくい分、人間関係が希薄になる可能性が。積極的に人の世話を焼くと吉です。

壬辰が時柱の人の日干別アドバイス

◎日干が丙　通変星…偏官

丙の太陽が時干の壬の水面をキラキラと輝かせ、華やかで自然と目立つ人です。ただし慢心が理想の実現の妨げになるので、謙虚に人に尽くす姿勢を養いましょう。晩年の金運は好調で、豊かな財産を築くことが可能です。

◎日干が辛　通変星…傷官

日干と時柱の馴染みが良く、ワクワクしながら夢や理想を追い、根気よく努力を重ねて実現に近づけます。ただし理想が高すぎて、なかなか満足できない様子。遠い先ばかり見ず、目の前の楽しさを味わう姿勢も大切です。

30 癸巳 みずのとみ

日柱が癸巳の人

通変星…正財
空亡…午未空亡

◇性格

癸の水と巳の火が衝突する日柱です。陰干支のため一歩引く控えめさと無邪気さがありますが、内面ではさまざまな感情がぶつかり合うという複雑さがあります。情熱的で好奇心旺盛ですが、ときには感情に身を任せて無謀な行動を取ったり、飽きっぽかったりする面もあるでしょう。それでも愛嬌があるため、人から嫌われにくいのです。

人一倍感受性が豊かな分、芸術的な才能に満ちていたり、直感や霊感に優れていたりする傾向もあります。

◇運勢

複雑な感情に満ちていますが、通変星が正財ということもあり、真面目な生き方をする人です。愛されやすいことが幸いし、人間関係では特に目上の人に可愛がってもらえるでしょう。そのためどのような仕事に就いても、有利な立場に立てるはずです。

ただし感情の起伏が激しい分、金運と健康運は不安定です。管理する意識を大切に。

◇結婚運

配偶者を表す日支の巳の火を、自身を表す日干の癸の水が消すという、相剋の関係です。結婚相手とは性格や人生観が大幅に違い、共通点を見出すことが難しいでしょう。無意識のうちに配偶者を従わせようとして、相手の長所をつぶす心配があります。それぞれの価値観を認め合うことが大切です。

結婚相手に適しているのは、情が深くて一途に愛情を注いでくれる人です。その上に好きな世界を持っている人であれば、尊敬し合えるはずです。

日柱が癸巳の有名人……安藤サクラ　宇野昌磨

時柱が癸巳の人

◇理想の自分や憧れること

陰干支ですが、癸の水と巳の火の衝突により、愛くるしい華やかさが生まれます。この時柱の人が憧れるのは、常に心が揺れ動く生き方です。ひと言でいうと、「ときめきと愛に満ちた人生」だといえるでしょう。例えば、年齢を重ねてもアイドルの追っかけに夢中だったり、次々と芸術作品を生み出し続けたり……という、感受性豊かな人生に惹かれるのです。

主に精神的な満足感を求めますから、多くの人が求める「経済的な安定」には、それほど関心はありません。財産があっても感動がなければつまらないと感じるでしょう。

性格的には、無邪気で甘え上手な人に憧れを感じます。女性であれば、小悪魔的な魅力で男性を翻弄する人に憧れる場合もあるでしょう。

◇晩年の運勢

年齢を重ねても、少年少女のように無邪気さのある晩年となりそうです。色々な趣味や習い事を楽しんだり、仲間と創作活動に力を入れたりと、夢中になれる何かがあるはずです。自分の魅力を磨くべく、ファッションや美容を楽しむ人もいるでしょう。表立った動きは控えめであっても、心の中はいつも輝いているのです。

ただし感情の動きが激しい分、ひとつの物事や人間関係が続かない傾向も。結果的に晩年も、多くの経験を重ねるでしょう。

癸巳が時柱の人の日干別アドバイス

◎日干が丙　通変星…正官

本質は豪快で大胆さがあるため、無邪気さや愛くるしさを学ぶことが人生目標のひとつです。特に愛情を通して自分が磨かれ、心豊かな晩年を築けるでしょう。自分を表現する世界で、安定して活躍できる予感もあります。

◎日干が辛　通変星…食神

自分の本質とかけ離れた夢や理想を求めるため、頑張っても近づけないと感じがちです。プライドを捨てて人に優しく親切になることが、人生目標のひとつといえます。晩年は不摂生が原因の疾患に、十分ご注意ください。

31 甲午 きのえうま

日柱が甲午の人

通変星…傷官
空亡…辰巳空亡

◇性格

屈託と裏表がなく、気持ちをストレートに出すわかりやすい人です。心根が温かくて人当たりが良く親切で、人から頼られたり、困っている人を見たりすると、放っておけないところがあります。内面に強い情熱を秘め、より良い未来をつくるために積極的で、前向きな姿勢を持ちます。

現実的な思考を持ち仕事好きですが、少しの失敗でもボッキリと心が折れるような、芯の弱さが難点です。無計画に動く慎重性の無さも、改善できれば鬼に金棒です。

◇運勢

甲が午にパワーを与え、常に何かに挑戦し続ける人生になりそうです。ただし安定を好まない性質や、根気の無さが足を引っ張り、次々と職業や習い事を変える継続性の無さもあります。それは結果的に、多くの経験を積むことにつながります。

明るさと親切さで人間関係は良好ですが、お人好しすぎて騙されやすい点は要注意です。

◇結婚運

配偶者を表す日支の午と、自分自身を表す日干の甲は好相性で、幸せな結婚生活を送れます。お互いに支え合えますが、どちらかというと自分が配偶者に力を与える関係です。特に「言葉」を通して相手を励ましたり、勇気づけたりすることができるはず。向き合って話す時間を多く取るといいでしょう。

結婚相手に適しているのは、夢や目標を持って何かに情熱を燃やしている人です。性格的には、明るくはっきりしているタイプがお勧めです。

日柱が甲午の有名人……ローラ　五木寛之

時柱が甲午の人

◇理想の自分や憧れること

甲という大木が午の火で激しく燃え上がるように、大勢の中にいてもパッと華やかで人目を引く、大胆な人物に憧れる傾向があります。大声を張り上げてたくさんの仲間をまとめ上げるような堂々としたリーダーや、人を気にせず忌憚ない意見をはっきりと述べる自信家などです。そうした人を見ると元気になり、自分自身もそのようにありたいと、心の奥で願うでしょう。いわゆる「目立ちたがり」の人だといえます。

職業では、自分の意見を話す機会の多い政治家やコメンテーター、ノンフィクション作家などが挙げられます。単純に人前に出る歌手やモデル、タレントに憧れる人も多いでしょう。大勢の前で明るく光輝く……そんな自分に恋焦がれているのです。

◇晩年の運勢

外に出たい気持ちが強まるため、ご隠居とは無縁の晩年です。自分を明るく表現するための努力を重ね続け、晩年は上手に自分を輝かせられるでしょう。例えば会社員であっても愉快なプレゼンができたり、主婦であってもＳＮＳでインフルエンサーになったりする……という感じに。晩年になるほど人気運が上昇し、注目度が高まります。

ただし根気には欠け、少し嫌なことがあると物事を投げ捨てる傾向も。人間関係も広く浅くになりがちです。

甲午が時柱の人の日干別アドバイス

◎日干が丙　通変星…偏印

裏表なく白黒はっきりしていて、明るく目立つ人です。日干と時柱の馴染みが良く、特に頑張らなくても日々を生きるうちに、理想が実現していた……という流れに。晩年は、人前で出る仕事で有名になれる可能性大です。

◎日干が辛　通変星…正財

日干と時柱の性質がかけ離れているため、理想の実現には自己改造や自己鍛錬が必要です。特に視野を広げ、寛大さを養うことが人生目標のひとつです。晩年の健康運は低いので留意して。特に精神面の疲れにご注意ください。

32 乙未 きのとひつじ

日柱が乙未の人

通変星…偏財
空亡…辰巳空亡

◇性格

腰が低く控えめで、周りに上手に合わせて波風を立てない円満主義者。謙虚なために、一見弱く頼りなげな人だと誤解されがちです。しかし芯は強くて忍耐力があり、内面では密かに未来への情熱を燃やしています。目標を目指して一歩ずつ着実に進み、目立たなくても時間をかけて、より良い状況を築くでしょう。物やお金への関心度も高く、稼ぐことに熱心です。華やかな世界より、裏で人知れず何かを築き上げることに適性があります。

◇運勢

羽目を外さず計画的にコツコツと取り組むため、生涯を通して波風の少ない人生です。日支の未が乙に養分を与え、人に頼らなくても自助努力で進めますが、実力者に頼ることで大きな発展が期待できます。

金銭感覚は発達していて、大きなお金を上手く回し、貯蓄をつくれます。健康面は、頑張りすぎによる精神的な疲労に要注意です。

◇結婚運

配偶者を示す日支は土性のため、安定感のある温和で真面目な人をパートナーに選ぶ傾向があります。相手は未来志向型であり、地道に夢を追い続ける人でしょう。

日干の乙が未を剋すため、自分自身が結婚相手を疲れさせる心配があります。特に言い争いで相手を打ち負かしたり、一方的に頼ったりする場面が多いと、積もり積もって怒りを爆発させる可能性が。趣味や勉学にエネルギーを注ぎ、相手に寄りかかりすぎないことが大切です。

日柱が乙未の有名人……香川照之　安達祐実

時柱が乙未の人

◎理想の自分や憧れること

人前に出て注目されたり、ゴージャスな生活を送ったりという華やかな人生は望みません。穏やかな環境の中で、静かに落ち着いて生きることを求めています。

勉学やコミュニケーションは好きですから、決して引きこもる訳ではありません。色々な人と連絡を取り合ったり、さまざまな情報を得たりすることに、充実感とワクワク感を覚えるでしょう。

何かの研究に長年を費やすなど、専門知識を習得することにも憧れを感じるはずです。そうして得た知識や情報を、本や研究論文、インターネット上で発表し、社会や人々に役立てることも、この星の人の使命のひとつであるといえるでしょう。

◎晩年の運勢

派手な変動は好まない安定志向ですから、年齢を重ねるごとに人生が落ち着いていき、固定される傾向があります。人生の早い段階で「これだ!」という専門分野を見つけて研究を続ければ、その分野の重鎮的存在になれるでしょう。見つからないと複数のことに中途半端に取り組み、焦りが募ってしまいます。

結婚後は、女性でも家庭に収まるだけでは物足りなくなりがちに。細々とでも知識や言葉を通して、社会と関わり続けるでしょう。

乙未が時柱の人の日干別アドバイス

◎日干が丙　通変星…印綬

「心穏やかな自分になること」が大きな人生目標です。華やかな丙が控えめな乙を目指すため、自分を抑えて周りに合わせ、気疲れする場面も多いでしょう。色々な人から意見をもらうことで内面が磨かれ、理想が実現します。

◎日干が辛　通変星…偏財

頭の回転が速く、時柱が求める専門知識はスムーズに習得できそうです。唯一引っかかるのが人間関係で、特に言葉によるトラブルには注意が必要です。辛丑の人は天戦地冲（てんせんちちゅう）となり、常に自分に葛藤を抱える傾向があります。

33 丙申 ひのえさる

日柱が丙申の人

通変星…偏財
空亡…辰巳空亡

◇性格

明るく華やかな雰囲気を持ち、ユーモアセンスも秘めていて、人の気持ちを朗らかにする能力があります。大らかで楽天的に見えますが、内面には複雑な感情やさまざまな考えを抱える繊細な面も。丙の火が、自分の内面である申の金を熱して溶かすように、大変自分に厳しい面も持ち合わせています。それがときに悪く出て、無駄に苦しむこともありそうです。はっきりとした言動が、人の心に刺さります。キツイ発言は極力避けた方が無難です。

◇運勢

注目されやすく、自然と表に出るタイプです。集まりでは盛り上げ役として重宝がられるでしょう。

ただし丙が申を溶かすように、苦労の多い人生になりがちです。それは、自分の厳しさが一因のよう。平凡な日々に物足りなさを感じ、大変な思いをしてでも刺激を求めるのです。

健康運は低め。極度な運動やダイエットに要注意です。

◇結婚運

配偶者を表す日支の申を、自分自身を表す日干の丙が傷つける相性です。そのため結婚後は自分が配偶者に厳しく当たりすぎて、温かい家庭を築きにくい傾向があります。自分の思い通りに相手を動かそうとすることで、関係がギクシャクしがちに。常に一緒にいるより、適度な距離感を持った方がいいでしょう。

結婚相手に適しているのは、明るくユーモアがあり、頭の回転が速い人です。多趣味の人の方が、楽しい夫婦関係を築けるはずです。

日柱が丙申の有名人……坂上忍　沢口靖子

時柱が丙申の人

◇理想の自分や憧れること

丙も申もカラッと明るい性質のため、周りをパッと明るく華やかにする人や物事に、強い憧れを持つ傾向があります。人物としては、人前でジョークを飛ばして笑わせ、場の雰囲気を明るくしたり、ウィットに富んだ話術で人を惹きつけたりするタイプに、尊敬の念を感じそうです。

仕事面では、表舞台に立つ華やかさのある職種に惹かれがちです。具体的には、輝く衣装を身にまとった舞台俳優や、オーケストラの指揮者や演奏者、大勢を楽しませるお笑い芸人などです。内面を表現する作家や漫画家も、憧れの職種に入りそうです。

大勢から崇められるような、ピカピカと光り輝く人物……この人はそんなイメージに、ワクワクドキドキするのではないでしょうか。

◇晩年の運勢

明るく目立つ方へ進む人生になることが功を奏して、晩年は人から注目される要素を多く持っているはずです。例えば独特なファッションセンスを携えていたり、ＳＮＳのインフルエンサーになっていたりする……という感じに。芸能界と関わった経験がある人も多いでしょう。

晩年になっても安穏さを嫌い、自分磨きを怠りません。常に向上し、ゴールはない人生となりそうです。ただし健康運は低いので、無理を重ねての病には警戒しましょう。

丙申が時柱の人の日干別アドバイス

◎日干が丙　通変星…比肩

華やかで目立つ人です。日干と時干が同じのため自信家で、向上心が中途半端になる傾向が。ワガママ三昧で敵をつくり、晩年は生きにくくなる心配があるので、謙虚さを身につけましょう。土性が強い年運と大運の時期が吉です。

◎日干が辛　通変星…正官

日干と時干が干合し、夢を持つことがワクワクする人生をつくります。頭の回転の速さを活かして、人を楽しませることができる人です。ただし、厳しい言動を取りやすい点は自重して。晩年は豪華な生活を送れるでしょう。

34 丁酉 ひのととり

日柱が丁酉の人

通変星…偏財
空亡…辰巳空亡

◇性格

丁の火が静かな情熱を持つことを示し、酉はユーモア好きで愛嬌があることを示します。自己主張は弱めですが人当たりが良く、ウィットに富んだトークで人を楽しませる才能があります。安定を好まず、常にワクワクする新鮮な状況を追い求めます。

やや享楽的で、ぜいたくや遊びなど楽しむことが好きな反面、自分に厳しい面も持ち合わせています。好きな分野の実力磨きを続けたり、対人面では自分を犠牲にしてでも尽くしたりするでしょう。

◇運勢

一見穏やかですが、丁の火が酉の金を溶かし、自分で自分を鍛え上げる人生になります。特に金銭を稼ぐための才能を磨いたり、大切な人に尽くしたりすることに力を注ぐ傾向が。次第に人間性が磨かれるため、大器晩成といえます。

安定を好まない分、常に何かで揺れています。土性が強い年運か大運の時期は、喜び事が多いでしょう。

◇結婚運

配偶者を表す日支の酉を、自分自身を表す日干の丁が剋す相性です。結婚後は相手に厳しく接したり、自分のペースに合わせてもらう生活になったりしがちに。無意識のうちに相手の自由を抑圧する心配があるので、お互いの価値観を理解し合うことが大切です。

結婚相手に適しているのは、好奇心旺盛で趣味や遊びを好み、愛嬌があっておしゃべり好きな人です。共通の趣味があれば、小さな衝突を乗り越えて、楽しい関係を築けるでしょう。

日柱が丁酉の有名人……ビートたけし　広瀬すず

時柱が丁酉の人

◇理想の自分や憧れること

陰干支ということもあり、大勢に注目されるような派手さは求めていません。それより、常に生きている実感を味わえるという心の満足感や幸福感を、人生に強く求めます。

かといって、安定しきった平和すぎる日々には退屈を感じがちに。この人が求めているのは、ひと言でいうと「ワクワク感に満ちた人生」であるといえるでしょう。例えば、年齢を重ねても多趣味で色々な習い事を楽しんでいたり、何かの教室の講師を続けていたり……色々な人との社交も、人生の醍醐味だと感じるはず。特に大きな財産を築かなくても、そして名声とは無縁でも、心が満たされていれば良いと感じるのです。

職業では、エンタメ系を含んだ遊び心がある職種に、憧れを持つでしょう。

◇晩年の運勢

人前に出るような行動は少なめですが、年齢を重ねても心は好奇心とワクワク感で満たされています。新しいことにも積極的に関心を持ち、趣味や遊びを通して内面を磨き、自分を輝かせることに余念がないでしょう。専門分野の腕前を磨き続ける人もいそうです。晩年になっても成長することが嬉しいと感じるのです。土性が強い年運か大運の時期が幸運です。

ただし自分に厳しくなる分、健康面では精神疲労による高血圧などにご注意ください。

丁酉が時柱の人の日干別アドバイス

◇日干が丙　通変星…劫財

明るい性格ですが、努力を惜しみ享楽主義に走る傾向があります。それが晩年の金運と健康運の悪化につながるので、一歩先のことを考えて行動を。土性が強い年運か大運の時期は、足を踏ん張り良い成果を出せるでしょう。

◇日干が辛　通変星…偏官

自分の本質とは違う性質の夢や理想を追い、頑張りすぎて疲弊しがちです。仕事とは別世界の趣味を持つことで、人生が充実するでしょう。晩年は散財傾向ですが、楽しむための出費は精神的な糧を得るために必要です。

35 戊戌 つちのえいぬ

日柱が戊戌の人

通変星…比肩
空亡…辰巳空亡

◇性格

「戊戌」は堤防や岸壁にも似た角ばった漢字が重なるように、岩のようにガンとして動かない、頑固でどっしりとした性質です。信念を貫き通す忍耐力と継続力が備わり、嫌なことからも逃げずに押し進む姿勢があります。義理人情に厚く、約束はしっかり守る信頼される人物です。何かを積み上げることに適性があり、特にお金をしっかり貯めて財産を築きます。

ただし融通が利かない分、微妙な空気を読むことや、急な変化を苦手としています。

◇運勢

ひとつのことを忍耐強く続ける姿勢があるため、変動が少ない人生になります。例えば手に職をつけ、生涯を通してひとつの稼業に専念したり、数少ない友人を生涯大切にし続けたりします。変化や刺激より、安定を好むためです。

金運が高く、不動産に恵まれます。モノが好きで、何かのコレクターになると散財に走ってしまうことも。

◇結婚運

自分の性質に似た、芯が強く真面目な人を配偶者に選ぶ傾向があります。亭主関白でもかかあ天下でもなく対等の立場で手を取り合い、協力し合える夫婦になるでしょう。共働きで、家事も分担するというスタンスなら上手くいきます。ただし独りの世界が必要ですから、別々の趣味や部屋を持つなどして、べったりになりすぎないことが大切です。

保守的な性質や通変星の比肩から、仕事など何かに没頭すると、生涯独身を選ぶ可能性も大です。

日柱が戊戌の有名人……藤原竜也　北川景子

時柱が戊戌の人

◇理想の自分や憧れること

土性は経済面の安定も意味し、時柱が戊戌の人が最も憧れるものは、「経済的な豊かさ」と「安定した生活」であるといえます。

経済的な豊かさといっても、日々をパーッと派手に過ごす華美さは求めません。もっと地道な貯蓄や不動産といった、しっかりと形に残る目に見える富を求めているのです。職業に関しても不安定な人気商売やフリー業より、安定収入のある公務員のような会社員で良しとする傾向があります。好きなように経済を回せる自営業を選ぶ場合もあるでしょう。

どっしりと落ち着き、ひとつの物事に人生を費やす生き方にも憧れを持ちそうです。安心感を持ちながら、変化の少ない順調な日常生活を送ることが、心の奥で求める理想の人生なのです。

◇晩年の運勢

仕事も趣味もコロコロ変えずに長く続ける姿勢があるため、年齢を重ねるごとに状況が固定され、落ち着いてきます。特に経済面に関しては安定感が強まり、着実に貯蓄や不動産が増えていく傾向が。何かのコレクションが増える場合もあるでしょう。

しかし増やすことばかりに熱心で、肝心の使うことには無頓着です。せっかくの財産を眠らせないよう、有効活用を考えましょう。健康面では運動不足による筋力低下や、動脈硬化に要注意です。

戊戌が時柱の人の日干別アドバイス

◎日干が丙　通変星…食神

理想や目標をしっかり狙って自分のエネルギーを注げるため、順調に実現できそうです。目下の人からも慕われ、良いサポートを得られるでしょう。年齢を重ねるごとに裕福になりますが、派手な飲食による肥満には要注意です。

◎日干が辛　通変星…印綬

頭脳明晰さを活かした知的活動で多くの人達に役立ち、夢や理想を実現できそうです。結果的に、経済的、物質的に豊かな晩年を過ごせる可能性が高いでしょう。特に部下や後輩など目下からの手厚いサポートが期待できます。

36 己亥　つちのとい

日柱が己亥の人

通変星…正財
空亡…辰巳空亡

◇性格

湿った土の己を、亥の水が緩めます。大変情が深く優しい人で、家族や友人など大切な人には愛情を注ぎ、熱心に尽くす姿勢があります。流行に乗るような広く浅いことや、変動が激しいことは苦手とし、好きな世界に没頭し続けることに安心感を覚えます。一度これだと思った物事は、飽きることなく長年大事にするでしょう。

ただし気持ちが沈み、ネガティブ思考に傾く面が。それでも自分に与えられた役割を、コツコツ地道にこなします。

◇運勢

やや流されやすい面があり、苦労の多い人生になりがちです。献身的で自己犠牲も厭わないことから、自ら人のために苦労を背負い込むことも多いでしょう。雰囲気的に明るさに欠け、周りから不満があるのかと誤解されることも。視野が狭いことでチャンスを逃しやすいので、常に世の中の動きを知る姿勢を持つことがお勧めです。

◇結婚運

配偶者を表す日支の亥を、自分自身を示す日干の己が剋す相性です。ただし己も亥も水分を含み、似た性質を持っています。結婚後はお互いに相手に対する深い情を持ち、比較的べったりとした夫婦仲になりそうです。しかし共に執着心が強い分、言い分を譲らなかったり、相手を束縛しようとしたりする傾向が。常に言葉で愛情を伝え合うことが大切です。

結婚相手に適しているのは、情が深くても芯が強く、自分の生きざまを貫くタイプです。

日柱が己亥の有名人……中島みゆき　糸井重里

時柱が己亥の人

◇理想の自分や憧れること

ウェットな己と亥が重なり、地道なムードを持つ時柱です。そのためパッと目立つような華やかさは求めず、心が満たされているかどうかを最重視するでしょう。

この人の人生のテーマは、「愛するものを、心ゆくまで愛すること」。対象は人によってさまざまですが、主に家族や恋人など、最も大事な身近な人が選ばれるでしょう。それ以外には、アニメやゲームなどサブカルチャー系の趣味や、登山など自然と関わる趣味にはまる人も多そうです。流行ものや派手さのあるものは、避けられる傾向があります。対象は何であれ、心が愛情で満ちていることに喜びを感じるのです。

責任感を負う苦痛さから逃れるため、アウトロー的な生き方に憧れることもありそうです。

◇晩年の運勢

穏やかな生き方を望む姿勢が功を奏し、自宅でガーデニングを楽しむような、静かな晩年を迎える気配があります。子孫にも恵まれて家族愛がありますが、心の中は沈みやすく、孤独感を抱えるかもしれません。それでも好きな世界に気持ちを向け、静かな心で過ごせるでしょう。丙が巡る年運か大運の時期は、喜び事が多くなります。

水分が多すぎる時柱のため、健康には要注意です。特に冷えから来る万病に気をつけ、常に体を温めましょう。

己亥が時柱の人の日干別アドバイス

◎日干が丙　通変星…傷官

日干と時柱の性質が大幅に違うため、本質とかけ離れた夢や理想を掲げがちです。そのため挫折感を味わいやすいですが、それが自己鍛錬につながります。晩年の健康運は低いので、嗜好品を慎み節制を心がける必要ありです。

◎日干が辛　通変星…偏印

日干と時柱の馴染みが良く、比較的スムーズに夢や理想を実現できます。特に部下や後輩など目下の人と力を合わせ、居心地の良い環境をつくれるでしょう。晩年の家庭運や金運も良好で、豊かな衣食住に恵まれそうです。

37 庚子 かのえね

日柱が庚子の人

通変星…傷官
空亡…辰巳空亡

◇性格

知的で頭の回転が速く、シャキッとした雰囲気を持つ人です。日干の庚が日支の子にエネルギーを与え、周りに頼らなくても、自分で自分を奮い立たせる強さがあります。感受性が豊かで創造力と想像力に優れ、周りをうならせるような専門的才能を内面に秘めているでしょう。ただし自信がある分プライドが高く、現状に不平不満を抱えやすい傾向もあります。自分を全肯定することで他人を批判しがちなので、客観的な視点を養うことが大切です。

◎運勢

何かと試練が多い人生ですが、芯の強さがあるため、乗り越えながら強くなれます。特に対人関係では、攻撃的な人と関わることが多い気配が。ただしそれは、保身の姿勢がそうした人を創り上げるのかもしれません。協調性を持つことで緩和されます。

思い立ったら猪突猛進するため、大成功か大失敗かを繰り返す傾向もあります。

◎結婚運

配偶者を表す日支の子と、自分自身を表す日干の庚は好相性で、お互いに支え合える幸福な結婚生活を送れます。特に自分が配偶者に力を分け与えられるため、頼り甲斐があると思われるでしょう。相手からは一途な愛情を注がれ、温かい気持ちで家庭生活を送れるはずです。

結婚相手に適しているのは、豊かな感情を持ち積極的に甘えてくれる、無邪気さのあるタイプです。かなりの年下でもいいでしょう。強気で頑固な人では衝突しがちです。

日柱が庚子の有名人……神木隆之介　ＤＡＩＧＯ

時柱が庚子の人

◇理想の自分や憧れること

シャープなイメージの時柱であり、人生にスマートさやファッショナブルな雰囲気を求める傾向があります。ひと言でいえば、「洗練された生き方」を求める人です。

職業でいえば、雑誌に出てくるような部屋をつくるインテリアコーディネーターや、ファッションデザイナーや美容師、ネイリストなど美容関係に憧れを感じるでしょう。人物的には、スラリとしてバッチリとコーディネートを決めていたり、専門技術を使ってサクサクと周りを動かしていたりする知的な人に、尊敬の念を感じます。

常に新鮮な刺激を欲し、安定して動きのない人生ではつまらないと思うでしょう。晩年になっても自分を洗練させるために経験を重ねる……そんな人生に惹かれるのです。

◇晩年の運勢

向上心を忘れないことが功を奏し、年齢を重ねてもシャキッとした若々しい雰囲気を保てます。例えばお菓子づくりやアクセサリーづくりが得意など、美しく創造的な腕前を持ち、いつまでも人々を喜ばせられるでしょう。趣味の講座を開いて、優秀な弟子を育てていくことも可能です。

晩年の家庭運も高く、献身的に家族の世話をすることが幸いし、子孫にも恵まれます。愛情深さと世話好きな性質が功を奏し、心が通い合う友人知人も多いはずです。

庚子が時柱の人の日干別アドバイス

◎日干が丙　通変星…偏財

丙の火が、時干の庚の金を溶かします。未来を考えずに他の干より向上心を持ちにくく、享楽的な生き方に走る可能性も否定できません。丙午の人は天戦地冲（てんせんちちゅう）となり、特にその傾向が強まります。晩年は大きな出費にご注意を。

◎日干が丁　通変星…正財

日干と時柱が衝突しやすく、夢を持てなかったり、周りが頼りなかったりしがちです。先を見るより、目の前のノルマを地道にこなしましょう。貯蓄するタイプですが、人のために損をする気配があるので貸し借りは凶です。

◎日干が辛　通変星…劫財

砂金の辛が鋼鉄の庚を目指す命式であり、大きな目標を目指して忍耐強く努力を重ねます。日干と時柱の馴染みが良いため、比較的スムーズに理想を実現できるでしょう。晩年の金運も良好で、優雅な生活を送れそうです。

◇日干が壬　通変星…偏印

時支の子が壬の根となり、夢や理想を実現しやすく、安定感のある晩年が訪れます。特に豊かな家族愛と友情に恵まれ、孤独とは無縁で過ごせるでしょう。美食中心の食生活が、健康を害す可能性がある点には要注意です。

38 辛丑 かのとうし

日柱が辛丑の人

通変星…偏印
空亡…辰巳空亡

◇性格

頭の回転が速く聡明で、落ち着いた雰囲気を持ちます。控えめに見えても強い意志を秘めて頑固で、自分の考えを貫く粘り強さと根気がある、大変な努力家です。勉強好きで、生涯を通して止まることなく地道に勉学を重ね、特定の専門分野で第一人者並みの豊富な知識を持てるでしょう。

頭が良く比較的何事もスムーズに進むため、できない人を見下しやすい点は、難点として挙げられます。優しさと温かさを身につければ、鬼に金棒といえます。

◇運勢

羽目を外さず、レールに沿うような堅実な生き方をする人です。若い頃は苦労しがちですが、たゆまぬ努力と内面磨きを重ねる結果、次第に運勢が安定します。年齢を重ねるほどさまざまな知識と才能が身につく、大器晩成型といえるでしょう。

金運も良好です。生まれが貧しかったとしても自力で稼ぐため、次第に安定感が出ます。

◇結婚運

配偶者を表す日支の丑が、自分自身を示す日干の辛に、安定したエネルギーを与えます。そのため結婚後は、配偶者に生活面でも精神面でも支えてもらえる、幸福で落ち着いた生活を送れるでしょう。特に情緒不安定になっているときは、相手のどっしりとした大らかさに、癒してもらえるはずです。

結婚相手に適しているのは、真面目で控えめで、自分のノルマを完遂させる忍耐強さがある人です。享楽的なタイプでは、衝突が多くなるでしょう。

日柱が辛丑の有名人……山里亮太　指原莉乃

時柱が辛丑の人

◇理想の自分や憧れること

陰干支ということもあり、派手に自己アピールをするような表立った華やかさは求めていません。それより専門分野において豊富な知識を身につけ、地道で目立たなくても人々に役立つことを、心の奥で願っているでしょう。それも、高い知的能力を必要とする分野においてです。職業でいえば、大学教授や化学関係の研究員、歴史研究家、ノンフィクション作家やライターなどが挙げられます。頭脳をフル回転させて高い知性を誇示することで、自尊心も満たされると思えるのです。

人物的には、芯が通っていて持論を曲げない信念を持つ人に、憧れを感じそうです。若い頃から努力を重ねて地位を叩き上げてきた苦労人にも、素直に尊敬の念を持てるでしょう。

◇晩年の運勢

真面目な人生観を持つことが功を奏し、年齢を重ねるごとに良い意味で状況が固定され、晩年は安定感のある日々に落ち着きそうです。それもただの隠居のような状態ではなく、知性を活かして社会や人々に貢献できる生活です。

この時柱の人には、長年学び続けた分野があるはずです。その高い専門知識を活用し、教室で生徒に教えたり、執筆で社会に広めたりできるでしょう。老年に入っても、仕事をしなければ物足りない人だといえます。

辛丑が時柱の人の日干別アドバイス

◎日干が丁　通変星…偏財

丁の火が辛の金を溶かし、夢や理想を追うことに抵抗を感じがちです。反抗的な気持ちから向上心を捨て、自堕落な生活を選ぶ可能性も。それでも晩年の金運は良好。才能が収益に結びつくなど、財産を築けるでしょう。

◎日干が壬　通変星…印綬

壬の流水が、辛の金を洗って光り輝かせます。専門的な才能を活かして、注目される存在になれるでしょう。ただし名ばかりで実が伴わず、晩年の金運は低めの傾向が。見栄張りやぜいたくのための散財を控えると吉です。

39 壬寅 みずのえとら

日柱が壬寅の人

通変星…食神
空亡…辰巳空亡

◇性格

豊かな人情を持ち、裏表がなく大らかで、堂々とした人柄です。寂しがり屋なため独りではいられず、人情と人情がぶつかり合う深さのある交流を好みます。

一見控えめですが、内面にはあふれるほどの感情が渦巻き、常にジッとしていられません。これだと思ったものにはすぐに飛びつき実行する勇敢さと、軽いフットワークを持っています。動きは大胆でも、すぐに挫折してはやめることを繰り返す傾向も。粘り強さが足りない点は難点でしょう。

◎運勢

壬の水が寅の木を大きく育て、周りに頼らずにパワフルな活動ができます。自分が望まなくても、リーダー役を任されることも多いでしょう。動けば動くほど、元気になれるはずです。厚い人情がありますから、生涯を通して人間関係に恵まれます。何となくそこにいるだけで周りと調和し合い、大きな物事を成し遂げられるのです。

◎結婚運

配偶者を表す日支の寅と、自分自身を示す日干の壬は好相性です。自分が配偶者に元気を与えて成長させるという役割を持っています。相手はストレートに情を示してくれるあなたに、頼り甲斐と安心感を覚えるでしょう。あなた自身にとっては、配偶者からの助言が多いに役立ちます。

結婚相手に適しているのは、明るく社交性があり、竹を割ったようにスッパリとした性格の人です。物静かな人や執着心の強い人では、疲れを感じるでしょう。

日柱が壬寅の有名人……阿部寛　石原さとみ

時柱が壬寅の人

◇理想の自分や憧れること

基本的には目立ちたがり屋であり、大きなスケールを持つダイナミックな性質に、強い憧れを感じます。人物であれば、大勢を引き連れて先頭を切って動くような、大胆不敵なタイプです。究極な例を挙げると、世界に名を残すほどの歴史上の人物で、その壮大な活躍ぶりに強烈な憧れを感じるでしょう。そして自分自身もそのようにありたいと、心の奥で切望しているはずです。

一般的な職業でいえば、映画俳優や音楽アーティスト、プロスポーツ選手など、大勢に注目される分野に惹かれます。ただし独りでこなすのではなく、その上で周りの人達とワイワイ過ごせればベストであると考えます。人情を求めますから、成功しても孤独では意味がないと感じるのです。

◇晩年の運勢

隠居生活とは無縁の、エネルギッシュな晩年が訪れる気配があります。年齢を重ねてもジッと過ごすことは苦手で、常に外に出て多くの人と関わろうとするでしょう。女性であっても仕事を長く続けてバリバリ働き、何かのまとめ役を任される場合もありそうです。

豊かな感受性も備えますから、晩年は芸術的・創造的な趣味も楽しんでいるはずです。趣味が高じて作品を売ったり教室を開いたりと、仕事に発展して収入を得る可能性もあります。

壬寅が時柱の人の日干別アドバイス

◎日干が丁　通変星…正官

日干と時干が干合し、大きなロマンを持って理想の自分を目指せます。ただし頑張りすぎて無理を重ねるなど、健康や家庭を犠牲にする一面も。自分の真の実力を知り、ある程度のところで妥協することも必要になります。

◎日干が壬　通変星…比肩

大海を表す壬が並び、非常に豊かな情を持ち大胆な行動が取れる人です。人に使われるのは苦手で、フリー業に適します。芸術的感性を活かして、世間に大きなものを残せるでしょう。晩年の金運も高く、財産を築けます。

日柱が癸卯の人

通変星…食神
空亡…辰巳空亡

◇性格

目立つことを好まずに控えめで大人しく、のんびりした雰囲気を持つ人です。ただし癸の水が卯の木を成長させることから、芯が強く何かに頼らなくても自力で進む姿勢があります。柔軟性に富み、人と気軽に接することを好み、気を許した人の前では意外とよくおしゃべりをするでしょう。

人目ではなく、心の充実を優先します。ですから幅広い活躍で注目を集めるより、家族や仲間など身近な人達との地道な生活を大切にする、堅実さがあります。

◇運勢

癸の水と卯の木は相生ということもあり、比較的波風の少ない人生を歩みます。それは突飛で無謀な行動を慎み、堅実でよく働く性質も影響しています。謙虚で人から好かれるため、生涯を通して人間関係にも恵まれるでしょう。

欲の無さから自己主張をせず誤解されたり、行動範囲が狭くなったりする点は、改善する余地があります。

◇結婚運

配偶者を表す日支の卯に、自分自身を示す日干の癸が水分を与え、成長を促します。そのため結婚後は良い夫婦仲を築き、幸せな生活を送れるでしょう。相手はあなたの愛情深さに安らぎと信頼感を覚え、あなたは相手の話やアドバイスに、大いに感化されるはずです。

結婚相手に適しているのは、明るくて話好きな社交家タイプです。その上で意志が強い人であればベストです。無口な人や頑固な人では、気持ちが沈みやすくなるでしょう。

日柱が癸卯の有名人……大野智　坂本勇人

時柱が癸卯の人

◇理想の自分や憧れること

繊細で無邪気なイメージを持つ癸と卯が重なるため、大胆不敵な豪快な人物ではなく、誰からも愛されるような可愛らしい雰囲気を持つ人に憧れます。例えば、職場で爽やかな笑顔を振りまくアイドル的な存在だったり、目上の人に可愛く甘えて良いポジションを獲得するような、小悪魔的な人物だったりするでしょう。ひと言でいえば、「甘え上手な人」であるといえるのです。

陰干支ということもあり、パッと世に出て名声を得たいという願望はあまりありません。それでも「甘え上手で愛される人」ということで、芸能界の俳優やアイドルに惹かれる傾向もあるでしょう。それ以外には、スイーツやキャラグッズなど可愛らしい物に関わっても、満足できそうです。

◇晩年の運勢

謙虚で控えめな言動が多くの人に好かれ、年齢を重ねるほど周りから愛されるでしょう。いつまでも若々しく愛らしいため、異性からチヤホヤされ、恋心を忘れないという人も多いかもしれません。

社会的な活動より、身近な人達を大事にする姿勢が功を奏し、家族愛や友情に恵まれる温かい晩年になりそうです。ただノルマを追ってあくせくするだけではなく、日頃から創造的な趣味や読書を楽しみ、穏やかで優雅な日々を満喫できるはずです。

癸卯が時柱の人の日干別アドバイス

◎日干が丁　通変星…偏官

時干の癸の水滴が丁の火を弱め、夢や理想を追うことで何かを犠牲にしがちです。それでも自分を鍛えられ、精神的に強くなれるでしょう。晩年は人間関係が希薄にならないよう、趣味や習い事で積極的に外に出ると吉です。

◎日干が壬　通変星…劫財

深い情を持つ世話好きな人で、大勢から好かれて晩年も孤独とは無縁です。甘え上手な愛される人物になるというひとつの理想は、スムーズに叶うでしょう。植物や動物を育てることで、さらに豊かな晩年になるはずです。

日柱が甲辰の人

通変星…偏財
空亡…寅卯空亡

◇性格

きっぱりとした雰囲気を持ち、内面は活動的エネルギーに満ちています。上へ上へと伸びようとする向上心とチャレンジ精神を持ち続けるため、どこにいても頭角を現わし、自然と目立つ人でしょう。これだと思ったら即行動を起こし、後先を考えずに体当たりする姿勢もあります。ただし自分のことで精一杯になり、周りへの気遣いや協調性に欠ける点は難点といえそうです。秘めた強烈なエネルギーを人のために使うことで、人望が高まるはずです。

◇運勢

猪突猛進していく一直線な姿勢により、波風の激しい人生になります。前進して大成功することもあれば、大失敗してポキッと心が折れることもあるでしょう。その結果、複数の職種を渡り歩くことになりがちです。器用さや処世術を学ぶと人生がラクになります。

健康運は低めです。頑張りすぎによる疾患や栄養不良に要注意です。

◇結婚運

配偶者を表す日支の辰を、自分自身を表す日干の甲が剋す相性です。甲も辰も自己主張が強いパワフルな星ですから、結婚後はお互いに自分の価値観を譲らず、衝突する場面が増える気配があります。共に好きな仕事に従事するなど、それぞれの世界を充実させることが大切です。

結婚相手に適しているのは、真面目でもエネルギッシュで、自分の好きな物事に全力投球するタイプです。家庭的で控えめな人では、物足りなさを感じるでしょう。

日柱が甲辰の有名人……天海祐希　戸田恵梨香

時柱が甲辰の人

◇理想の自分や憧れること

甲も辰も自分を伸ばすことに熱心な、ストレートな性質です。そのため、この時柱の人の人生目標をひと言で表すと、「自分の好きなことに全力投球する人生」といえるでしょう。それもただ頑張ればいいのではなく、周りから抜きん出る才能と勢いが伴うことを願います。才能を発揮して注目されることに、大きな喜びを感じるのです。

特に、知的な分野に惹かれる傾向があります。職業でいえば、専門分野の講師や大学教授、塾の講師などです。ノンフィクション作家やライターなど著作家にも憧れるでしょう。

性格的には、脇目も振らずに一直線に進むような、一本気な人に魅力を感じます。それはまるで強力な根を持つ、伸び盛りの大木のような人だといえます。

◇晩年の運勢

好きな世界に献身的に生きる姿勢が功を奏し、晩年は特定の分野で大きく伸びている予感があります。例えば会社員を続けているなら多くの部下を持つなど、上の立場に立っているでしょう。強い発言力により、多くの人を動かすことができるはずです。

静かに過ごすとストレスフルになりますから、女性であっても社会に出続け、晩年もバリバリと働いていそうです。専門分野の教室を開くなど、やはり人の上に立っている可能性が高いでしょう。

甲辰が時柱の人の日干別アドバイス

◇日干が丁　通変星…印綬

日干と時柱の相性が良く、コツコツと時間をかけて大きな夢や目標に近づけます。強力なサポートを得られ、目下の人達も力をくれるでしょう。庚が巡る年運か大運の時期に、目に見える良い成果を出せる可能性があります。

◇日干が壬　通変星…食神

豊かな感情を持ち、社交上手な人です。周りの人の世話を焼くなど与える姿勢があり、それが功を奏して晩年は良い人脈に恵まれるでしょう。ただし金運が低下するので要注意。詐欺被害に警戒し、貸し借りも避けてください。

42 乙巳 きのとみ

日柱が乙巳の人

通変星…傷官
空亡…寅卯空亡

◇性格

乙の木が巳の火に力を与えることから、簡単には人に頼らず、自助努力で前進する頑張り屋の性質です。優しく繊細そうに見えて芯が強く、心の中では常に何かに情熱を燃やしています。好きな世界や人に対して強い情念を持ち、献身的に尽くすことも厭わないでしょう。

ただし能力に優れている分、プライドが高く、怒りや恨みなどの重い感情をフツフツと温め続ける傾向も。好き嫌いの強さが、人間関係に悪影響を及ぼすこともありそうです。

◇運勢

やや波風の多い人生ですが、強い意志と情熱を秘めるため、自力で乗り越えられる人です。温かくて与える性格が功を奏し、周囲の援助にも恵まれるでしょう。

生涯を通して、好きな物事に情熱を注ぐ傾向があります。それは好きな異性の場合もあれば、専門分野の研究の場合もあります。その情熱が、自分の人生を豊かにするのです。

◇結婚運

配偶者を表す日支の巳に、自分自身を示す日干の乙が良いエネルギーを注ぎます。結婚後は自分が相手に元気を与え、支える関係になるでしょう。特に配偶者にとって、あなたが伝える話や助言が心を強くするはず。自分にとっては、相手の愛情深さが精神的な拠り所になりそうです。

結婚相手に適しているのは、一途で深い愛情を持ち、何かに熱中する情熱的なタイプです。ドライな人や頑固一徹の人では、一緒にいると疲れを感じるでしょう。

日柱が乙巳の有名人……大島優子　渡辺直美

時柱が乙巳の人

◇理想の自分や憧れること

華やかさのある時柱ですが、陰干支ということもあり、高い地位や名誉を得て注目されたいという願望は低めです。それより精神的な充実感や、身近な人達との温かい交流に喜びを感じるでしょう。

巳が情念を持つ性質のため、特に「何かを深く愛し、情念を燃え盛らせること」が、この人が求める人生のテーマといえます。その対象に自分の多大なエネルギーを注ぎ続けることが、生き甲斐となるのです。情念を燃やす対象にはさまざまなものが考えられますが、主に家族や恋人、好きな有名人が挙げられます。専門分野の研究や仕事の場合もあるでしょう。独りで生きるのではなく、好きな何かと一体感を味わうことが、大きな人生の醍醐味だと感じるはずです。

◇晩年の運勢

年齢を重ねても好奇心は衰えずにイキイキとしていて、何歳になっても若々しく魅力的でいられるでしょう。特に、何かに強い情熱を持ち続けていることが、この人の晩年の大きな特徴です。それは家族に尽くすことだったり、好きな趣味に打ち込むことだったりしそうです。その情熱が人生の最後まで心を輝かせ、魅力を高め続けるのです。

情熱的な性質が功を奏し、晩年の人間関係も良好です。好きな世界を通して良い仲間ができるでしょう。

乙巳が時柱の人の日干別アドバイス

◎日干が丁　通変星…偏印

日干と時柱の相性が良く、大きなトラブルがなく順調に理想的な晩年を迎えられます。特に身近な人達からの援助と温かい愛情に恵まれ、晩年は孤独とは無縁でしょう。健康運も高く、生涯を通して元気に活動できます。

◎日干が壬　通変星…傷官

ダイナミックな感情に流されやすい人です。ワガママを抑えて大事な何かに尽くすことが、人生テーマのひとつです。晩年は愛情に恵まれますが、自己犠牲が伴う面も。特に自分自身の健康管理を怠らないことが大切です。

43 丙午 ひのえうま

日柱が丙午の人

通変星…劫財
空亡…寅卯空亡

◇性格

丙も午も燃え盛る火であり、裏表なく素直で明るく、その場がパッと華やぐ雰囲気を持っています。自尊心が強く負けず嫌いで、常にトップにいることを好みます。そのために全力で頑張ることを惜しみません。

ただし抑えきれないほどの情熱がある分、カッとなると歯止めが利かなくなったり、攻撃的な態度を取ったりしがちです。育ちが良いとワガママ三昧になり、周囲を振り回す傾向も。感情のコントロールが課題であるといえるでしょう。

◇運勢

強力なパワーにより、大成功か大失敗かの両極端な運勢になります。無意識のうちに周りの人達を巻き添えにすることも多いでしょう。人生を成功させる秘訣は、謙虚さと計画性。思いつくままに動くのは避け、慎重さを身につけると吉です。若い頃にチヤホヤされると身を滅ぼし、若い頃に苦労をすると、あとあと運勢が上がります。

◇結婚運

配偶者を表す日支の午と、自分自身を示す日干の丙は同じ陽火であり、結婚後は似た者同士の夫婦になりそうです。一緒に商売をするなど一心同体のような生活になるか、もしくはお互いに自分の世界にはまり、それぞれの理想を追い求める形になるでしょう。仲は良いときと悪いときが極端で、大喧嘩も多くなりそうです。ただし独身を貫く人も多いでしょう。結婚相手に適しているのは、自分と似た人生観を持つ、明るくパワフルな人です。

日柱が丙午の有名人……星野源　木梨憲武

時柱が丙午の人

◇理想の自分や憧れること

南中した熱く輝く太陽を表す時柱ですから、とにかく華やかで注目される生き方を求める傾向があります。常に自分が一番でありたいという願望が強く、どのような形であっても大勢に「凄い！」と尊敬されれば、それで満足できるのです。例えば社会に役立つため……というような、何かの意味を持たせる必要はありません。ひと言で表せば、「ただ、目立ちたい」という願望です。芸能人やスポーツ選手のような自己アピールができる職種に憧れますが、会社員であれば大手一流有名企業に就職するとか、フリーなら横文字の格好いい肩書きがつくなど、人目を気にしがちです。それでも負けず嫌いな性格が幸いし、トップを目指してバリバリ頑張れるのでしょう。

◇晩年の運勢

大成功か大失敗という、二極に分かれる晩年の運勢です。目立つ生き方を求め続ける姿勢が実り、晩年は専門分野で名が知られているなど、世間に注目される何かを持っている可能性があります。

ただし晩年は潜在的なパワーが強烈になっている分、良い方にも悪い方にも転びやすいので慎重に。例えば名誉を焦って無謀な行動を取り、大怪我をすることもあるのです。我欲をむさぼるのではなく、周りの人を元気づけるように心がけると吉です。

丙午が時柱の人の日干別アドバイス

◇日干が丁　通変星…劫財

キャンドルの小さな炎が、真夏の太陽を目指す命式です。地道に情熱を燃やし続け、結果的に夢や理想に近づけるでしょう。ただし常に不足感がつきまとい、前進をやめられません。土性が強い年運か大運の時期は幸運です。

◇日干が壬　通変星…偏財

あふれるほどの豊かな感情を持ち、ダイナミックに動く人です。丙の太陽が壬の水面を輝かせ、注目されるでしょう。ただし火と水の衝突により、波乱の多い人生になりがち。晩年は暴走しやすいので、協調性を大事にして。

丁未 ひのとひつじ

日柱が丁未の人

通変星…食神
空亡…寅卯空亡

◇性格

控えめであまり自己主張をせず、穏やかで落ち着いた雰囲気を持つ人です。しかし内面には強固な意志を持ち、少々のことでは揺るがない安定感があります。無理なく自然の流れに沿った堅実な生き方をしますが、心の中では密かに未来への情熱に燃えている面もあります。目の前のことを真面目にこなしつつ、より良い未来に進む姿勢を持ち続けるでしょう。

通変星が食神ということもあり、ぜいたくな食生活や遊びが好きな一面も備えています。

◇運勢

無理をせずに素直に流れに乗るため、波風の少ない安定感のある人生を歩む人です。明るく真面目な性格が信頼され、常に人望にも恵まれます。それでも甘えることなく、自分を磨き堅実に進む努力を欠かしません。周囲と協力し合いながら、順調で穏やかな日々を送れるでしょう。勤勉さが手伝い、金運も良好。貯蓄上手な面があります。

◇結婚運

配偶者を表す日支の未と、自分自身を示す日干の丁は好相性で、幸せな結婚生活を送れます。基本的には自分が相手に尽くしてエネルギーを与えますが、お互いに似た者同士という側面もあります。特に未来を見据えているところが似ていて、将来設計の話が盛り上がるでしょう。結婚相手に適しているのは、控えめでコツコツと努力を重ねる、忍耐強く真面目な人です。豪快で派手なタイプを選ぶと、自分の長所をつぶすことになりかねません。

日柱が丁未の有名人……松田聖子　黒柳徹子

◇理想の自分や憧れること

堅実さのある時柱のため、派手に表に出て自己主張をすることには、あまり興味がありません。それでも人知れずであっても、能力や行動を活かして「社会に役立ちたい」という願望は持っているでしょう。

特に、ひとつの分野に生涯を賭けて取り組み続けることに、憧れと尊敬の念を感じます。例えば、代々店を受け継いで伝統を守り続けている和菓子職人や、重要な機械の部品をつくり続けているメーカーの社員など……。決して自分自身が注目されなくても、確実に世の中に好影響を与える立場に惹かれるのです。そして自分もそのようにありたいと、心の奥で願っているはずです。

同時に、経済的な豊かさを重視する面もあります。特に貯蓄額にこだわる傾向が。

◇晩年の運勢

堅実な人生を求め続ける姿勢が功を奏し、穏やかで安定感のある晩年が訪れそうです。年齢を重ねるほど人生上の動きが減り、「この地でこの人達と生きて、人生の幕を下ろす」というような、迷いのない晩年となるでしょう。周りの人と揺るぎない信頼関係を築き、人間関係も落ち着くはずです。

社会的な活動にはこだわるため、生涯仕事を続けて収入を得続けるでしょう。生活全般が安定していても、常に自分を磨く姿勢を失わないのです。

丁未が時柱の人の日干別アドバイス

◎日干が丁　通変星…比肩

日干と時干が同じのため、上を目指すのではなく「自分らしく着々と進むこと」が、人生目標のひとつになります。真っすぐ一本の道を歩み、迷いない人生を築けるでしょう。晩年の金運も高く、着実に財産を増やせそうです。

◎日干が壬　通変星…正財

日干と時干が干合し、ロマンを感じながら夢を追うことができます。ただし目指す状況が本質と違いすぎて、達成感を味わいにくいかもしれません。晩年の健康運は低めです。特に頑張りすぎによる疲労にご注意ください。

45 戊申 つちのえさる

日柱が戊申の人

通変星…食神
空亡…寅卯空亡

◇性格

どっしりと落ち着いた雰囲気を持ちますが、根は明るくユーモア好きで、頭の回転が速い人です。好奇心旺盛でバイタリティーがあり、目標を追ったり楽しむことを求めたりすることに積極的で、常にジッとしていません。周りを巻き込むような大胆な行動を起こし、それによって大勢に恩恵を与えるスケールの大きさもあります。

戊の土が申の金を助けることから、自助努力ができる人で、あまり人に頼りません。リーダータイプといえるでしょう。

◎運勢

安定感のある性質ですが、チャレンジ精神旺盛のため人生全般に変動が多く、さまざまな経験を重ねがちです。仕事熱心でもマンネリを嫌い、あえて難しいことに挑戦する姿勢があります。結果的に、自分の器を広げられるでしょう。

稼ぐ金額も大きいため、金運が快調。惜しみなく自己投資し、さらに自分が磨かれる……という好循環に。

◎結婚運

配偶者を表す日支の申と、自分自身を示す日干の戊は好相性です。結婚後は自分が相手を脇から支え、安定感を与える役割を持ちます。そして配偶者の元気さからは、明るく前向きな気持ちを分けてもらえるでしょう。結婚後に、さらに金運が高まるというメリットも期待できます。

結婚相手に適しているのは、頭の回転が速くてテキパキとよく動く、明るくユーモアのある人です。その上で、何か一芸に秀でている人であればベストでしょう。

日柱が戊申の有名人……木村拓哉　櫻井翔

時柱が戊申の人

◇理想の自分や憧れること

戊は仕事熱心さや真面目な性質を持ち、申は機敏で多才さとユーモアを持ちます。それらを合わせ、頭の良さと才能を活かして、社会で大活躍している人物に憧れると考えられます。

例えば、エンタメ系の会社を興して堂々と業界を渡り歩く社長だったり、大企業の中でトントン拍子に出世して頭角を現す人であったりするでしょう。ただ地道に働くだけではなく、社会に強い影響を与えて目立つことも、ひとつの人生目標となっているのです。

それ以外には経済に関心が強く、「社会経済を活性化させること」も、憧れのひとつとして挙げられます。もちろん自分自身の経済状態の豊かさも求めますが、ただ貯めるのではなく、社会に循環させることを目指すでしょう。

◇晩年の運勢

常にイキイキと活動したいと願うため、年齢を重ねてもジッと過ごすことを好みません。女性であっても生涯を通して社会に出て、人々に貢献する姿勢があります。特に自分の趣味や特技が高じて仕事になり、創作や講座などで楽しく働き続ける場合が多いでしょう。それが家族との仲も活性化させるという、さまざまなメリットを得られます。

基本的に、晩年の金運の高さには目を見張るものがあります。人が羨むような生活を送れるでしょう。

戊申が時柱の人の日干別アドバイス

◎日干が丁　通変星…傷官

時柱が日干を弱める相性で、夢や理想を持つことが、人生上で負担になる気配があります。壮大な理想があるなら、少しグレードダウンを意識しましょう。晩年の金運は良好ですが、投機的なことは避けた方が無難です。

◎日干が壬　通変星…偏官

大胆で堂々とした性質です。社会的に大きな物事を成し遂げることを目指しますが、そのために感情のコントロールをすることが課題になります。晩年の金運は高いものの、湯水のように使う傾向が見受けられます。

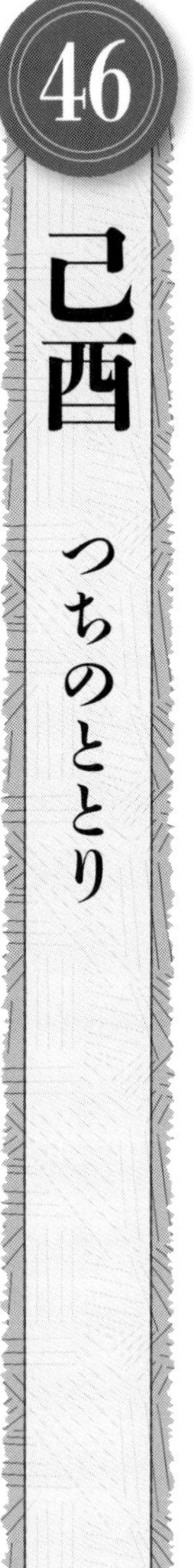

日柱が己酉の人

通変星…食神
空亡…寅卯空亡

◇性格

おっとりと優しい雰囲気を持ちますが、根は明るくシャキッとしていて、楽しいことが好きな人です。穏やかで協調性と柔軟性があり、周りの空気に合わせられるため、人と衝突することなく誰からも好かれます。生き急がず、人生をのんびりと楽しむ姿勢があります。

人と上手く交際できるものの、己の土が内面を示す金の酉に養分を与えるように、自分の人生を自分で切り開いていきます。地に足がつき、簡単に寄りかかることはないのです。

◇運勢

落ち着いて見えても活動力に優れ、やりたいことには積極的に挑戦します。動きはスローで達成には時間がかかりますが、地道に歩み続け、着実に物事を成し遂げられるでしょう。趣味に没頭する傾向がある分、それが高じて職業になる人も多いようです。

特に優れているのは金運です。真面目な働き者のため、財産を築けるはずです。

◇結婚運

配偶者を表す日支の酉と、自分自身を示す日干の己は好相性です。相手はあなたの穏やかな性質に癒され、勤勉さに安心感を覚えるでしょう。あなたは相手のカラッとした明るさや決断力に、頼り甲斐を感じるはずです。結婚後にさらに金運が上がるというメリットも期待できます。

結婚相手に適しているのは、明るく遊び好きでユーモアと好奇心があり、話好きな人です。結婚後はお互いに持っていない部分を補い合い、支え合えるでしょう。

日柱が己酉の有名人……小池徹平　アントニオ猪木

時柱が己酉の人

◇理想の自分や憧れること

陰土の己は堅実で地道な性質ですから、名声など表立った華やかさには興味がなく、現実面や内面が充実した人生を願っています。例えるなら、少々古い家に住んでいても毎日の食卓が豊かだったり、小さな会社に勤めていても、職場が和気あいあいとしていて楽しかったり……という感じです。

それは、人目を気にしていないという証拠です。周りからどう見られようと、自分や家族の心と経済状態が満たされていることが大切だと感じるのです。

ただし時支の酉は高いテンションを求めますから、真面目なだけでは物足りません。スポーツ観戦などワクワクする趣味にはまったり、毎週レジャーに出かけたりと、生活の中に心が弾むシーンがあることが必須なのです。

◇晩年の運勢

堅実な生き方を求める姿勢が功を奏して、晩年は落ち着きと安定感のある日々を送れそうです。無事に定年退職し、その後は安心できる自宅でリラックスして食事や趣味を楽しむ……そんな安らかな晩年を迎えられるでしょう。

晩年の家族運も良好で、明るく賢い子孫にも恵まれそうです。子供や孫など目下から慕われ、孤独とは無縁でいられるはずです。

特に金運が好調です。豊かな経済状態を築き上げ、毎日ささやかなぜいたくを味わえるでしょう。

己酉が時柱の人の日干別アドバイス

◎日干が丁　通変星…食神

丁を弱める時柱のため、夢や理想を追うことで疲弊しがちです。誰かに強制される目標を追う傾向も見受けられます。無理なく自分に合った世界を求めましょう。晩年の金運は高めでも、衣食住で派手に散財する気配あり。

◎日干が壬　通変星…正官

壬の大水が時干の己の土を濁しますが、時支の酉の金が活性化するため大事には至りません。夢や理想を実現するには、感情のコントロールが必要です。迷いが多いものの、晩年は金運に恵まれ豊かな生活を送れるでしょう。

日柱が庚戌の人

通変星…偏印
空亡…寅卯空亡

◇性格

普段は物静かで落ち着きがありますが、内面には強靭なパワーを秘めています。いざというときにその力が炸裂し、大胆な活躍ぶりを見せて、周りを驚かせるでしょう。どれだけ動いても疲れ知らずで、活動すればするほど元気になれるタイプです。

特に強い闘争心と攻撃心を隠し持つため、怒らせると怖い人です。敵意を感じたり競争に加担したりしたときに、最も本領を発揮します。「勝利を求めること」がモチベーションを高めるのです。

◇運勢

平穏無事を好まず、自ら波風の激しい世界に飛び込む傾向があります。それでも性質的に安定感がありますから、自信を持って荒波を乗り越え、果敢にさまざまな経験を積めるでしょう。自己主張が強くても信頼してくれる人が集まり、人間関係は良好です。強靭な体力があるため健康運も高く、金銭面は順調に貯蓄ができそうです。

◇結婚運

配偶者を表す日支の戌と、自身を示す日干の庚は好相性で、幸せな結婚生活を送れます。結婚後に、さらに金運が上昇するという運もあります。自分が配偶者から良いエネルギーをもらい、相手の芯の強さや、真面目に役割を遂行する姿勢に助けられるでしょう。相手はあなたの強固な意志に、頼り甲斐を感じるはずです。

結婚相手に適しているのは、どっしりと落ち着いた雰囲気を持つ、真面目で勤勉な人です。その上で経済力があればベストです。

日柱が庚戌の有名人……きゃりーぱみゅぱみゅ　藤井フミヤ

時柱が庚戌の人

◇理想の自分や憧れること

刃物を表す庚は戦う姿勢を示し、戌の金を含んだ土が、その力を強めます。そのためこの人は、平穏無事な人生を求めているのではありません。大きなことや難しいことに果敢に体当たりするような「闘う人生」を、心の奥底で求めているのです。

例えば、スポーツ選手や囲碁将棋の世界など、ストレートに勝敗に関わる世界に強い憧れを感じる人が多いでしょう。自衛隊やライフセーバーなど、闘うことが人助けになる世界に惹かれることも。会社員であっても、同業他社との競争や、同僚との営業成績の争いに熱心になる……という、闘いの要素がある状況に魅力を感じるはずです。

闘うだけではなく、もちろん勝つことが前提です。「強い人」が最大の条件なのです。

◇晩年の運勢

チャレンジ精神を忘れない生き方が功を奏して、年齢を重ねても体力気力が衰えることなく、日々を全力疾走できそうです。

労働意欲も高いですから、女性であっても仕事の第一線から退くことなく、自社を切り盛りしているかもしれません。多くの部下も順調に育ち、脇から支えてくれることでしょう。体力維持にこだわり、本格的にスポーツを続けている人もいそうです。

ただし外の世界に意識が向き、家庭を軽視しがちな点は要注意です。

庚戌が時柱の人の日干別アドバイス

◎日干が丁　通変星…正財

丁の炎が、時干の庚の鋼鉄をしっかりと鍛え上げます。自分の本質とはかけ離れた夢や理想を持ちますが、それによって試練や修行を積み、精神的に強くなれるでしょう。晩年の金運には恵まれ、次第に財産が増える傾向が。

◎日干が壬　通変星…偏印

感情の起伏が激しく、豪快さのあるチャレンジャーです。競争心が強く勝ち負けにこだわり、トラブルメーカーになることも。譲る心の余裕が必要です。晩年の金運は低めで、大きな金額を動かさない方が無難でしょう。

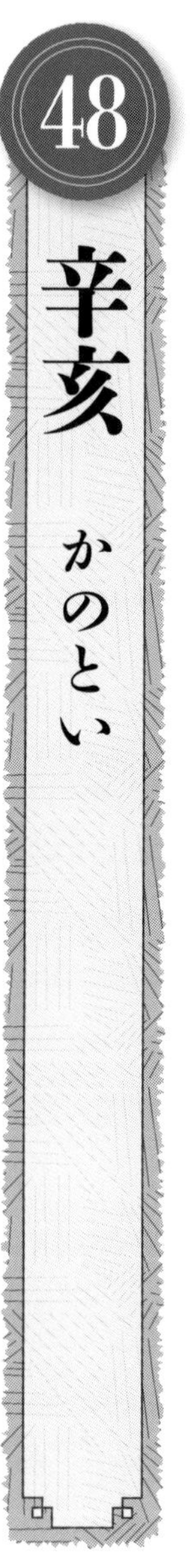

日柱が辛亥の人

通変星…傷官
空亡…寅卯空亡

◇性格

ドライでクールに見えて、内面には豊かな情を秘め、繊細な心を持つ寂しがり屋です。家族や友人など身近な人には献身的ですが、好き嫌いがはっきりしていて辛辣な言動が多く、冷たい人と誤解される傾向も。頭の回転が速く空気を読む才能に長け、直感力に優れる人も多いでしょう。

辛の金が水の亥にエネルギーを注ぐことから、弱そうに見えても自助努力ができて、周りに甘えずに進む姿勢があります。ただし考えすぎて、迷うことも多い人です。

◇運勢

頭が良く豊かな才能を持ち、その上に積極的に実力を磨きます。そのため好きな専門分野に没頭する人生となり、その道で第一人者になれる可能性が高いでしょう。

家族や仕事仲間を大事にして温かい人間関係を構築できますが、交際範囲や視野を広げることは苦手な傾向が。それでも好きな世界や好きな人が近くにあれば、満足なのです。

◇結婚運

配偶者を表す日支の亥と、自分自身を示す日干の辛は好相性で、結婚後は協力し合って幸せな生活を送れるでしょう。主に自分が配偶者を支える関係になり、相手はあなたの高い知性や忍耐強さに、頼り甲斐を感じるはず。あなたは相手の優しさに心を癒され、家庭がリラックスできる大切な場となるでしょう。

結婚相手に適しているのは、物静かで忍耐強く、深い愛情を持つ献身的な人です。気持ちが外に向く活動的な人では、何かと衝突しがちです。

日柱が辛亥の有名人……草彅剛　滝沢秀明

時柱が辛亥の人

◇理想の自分や憧れること

陰干支ということもあり、大勢からチヤホヤされるような中身のない華やかさは求めていません。この人が求めるものをひと言で表すと、「好きな世界に没入する人生」といえるでしょう。例えば、子供の頃から続けてきた趣味がそのまま職業になり、その世界に生涯を賭けるような生き方に憧れます。具体的な職種を挙げると、芸術的センスを活かせるデザイナーや彫刻家、彫金師などです。精神世界や宗教に惹かれる場合もありそうです。

好きな世界とは、ひとつだけとは限りません。好きな仕事に没頭すると同時に、好きな人に深い愛情を注ぐこともできるでしょう。周りすべてが、好きなものだけに囲まれている……そんな生き方に強い魅力を感じるのです。

◇晩年の運勢

年齢を重ねても好奇心旺盛で、何か好きな世界にエネルギーを注ぐ傾向があります。それは専門分野の勉強だったり、創作的な趣味だったりするでしょう。その能力を活かして教室を開くなど、趣味と実益を兼ねられる可能性も大です。ですから基本的に、充実感あふれる晩年になるといえます。

全体的に愛情運が高いため、家族や友人知人との関係も良好です。子孫繁栄が望める時柱でもあり、家系を先々まで良い形でつなげられるでしょう。

辛亥が時柱の人の日干別アドバイス

◇日干が丁　通変星…偏財

丁の火が時干の辛を溶かし、夢や理想を追うことに抵抗感や違和感を覚えがちです。自己否定し、本質に沿わないものを求めるためでしょう。無理のない目標設定を心がけて。丁巳の人は天戦地冲（てんせんちちゅう）となり、その傾向が強めです。

◇日干が壬　通変星…印綬

日干と時柱の相性が良く、豊かな感受性を活かしてスムーズに、夢や理想を実現できます。特に部下や後輩、弟子など目下の人と協力し合えるでしょう。愛情深くなれるため、晩年になるほど家族愛や友情に恵まれます。

49 壬子 みずのえね

日柱が壬子の人

通変星…劫財
空亡…寅卯空亡

◇性格

壬も子も、大量の水を含みます。水は感情を表すことから、大変豊かな情感と人情味を持つ人です。特に家族や自分を慕ってくれる人には情を注ぎ、積極的に世話を焼きます。裏表なく素直で威勢が良く、自分の激しい感情に突き動かされる場面が多いでしょう。

自尊心が強く負けず嫌いで、自信過剰さから周りを無視して物事を進めてしまうこともありそうです。勢いがある分、目立ちますが、愛嬌があるため敵をつくることはあまりありません。

◇運勢

これだと思ったら物怖じせずに威勢良く走り出すため、大成功することもあれば大失敗もする……という波乱に富んだ人生になりがちです。特に愛情に振り回され、人生の流れが変わる傾向があります。

人情味があることから何をしても愛されるという、高い人気運があります。俳優やタレントなど人気稼業で頭角を現わすでしょう。

◇結婚運

配偶者を表す日支の子と、自分自身を示す日干の壬は水性同士で、結婚後は似た者夫婦になりそうです。お互いに相手に惜しむことなく深い愛情を注ぎ、気遣い合い、尽くし合える可能性が。ただし良い面ばかりではなく、濃い感情がぶつかり合う分、いがみ合うと根深いものになる場合もあります。

結婚相手に適しているのは、深い愛情を持っていて愛嬌があり、ジッとしていない人です。自分と共通点が多いほど、一心同体で過ごせるでしょう。

日柱が壬子の有名人……郷ひろみ　福山雅治

時柱が壬子の人

◇理想の自分や憧れること

壬も子も、愛情を象徴する水を豊かに秘める星です。ですからこの時柱の人が求める人生は、ひと言でいうと「愛に生きる人生」にほかなりません。ただしあまりの水の多さに、ただひとつのことを愛するだけでは事足らないはずです。

誰か1人を生涯賭けて全力で愛する、という人生にも憧れを感じますが、もっとグローバルな規模の愛情に関心があります。例えば、海の世界を愛して生涯サンゴ礁の研究に明け暮れたり、生まれ故郷を愛して地域の発展に全力を注いだり……。何かを守るために全身全霊を賭けて愛情を注ぐことに、心からの喜びを感じるのです。

性格的には、激しい感情をストレートに出して大胆不敵に活躍する人に、尊敬の念を持てるでしょう。

◇晩年の運勢

大量の水を表す時柱のように、年齢を重ねても何かを愛する気持ちを失いません。むしろ晩年に向かうほど、愛情深い人になれるでしょう。晩年には既に、愛情を注ぐ対象ができているはず。それは長年連れ添った配偶者かもしれませんし、情熱をぶつけられる趣味かもしれません。「このために生きている」と、胸を張って言える状態だといえます。

運の波が激しい分、健康運も金運も吉凶混合です。何事もやりすぎないように気をつけましょう。

壬子が時柱の人の日干別アドバイス

◇日干が丁　通変星…正官

日干と時柱の性質に開きがありますが、干合しているため、ロマンを持って理想と向き合えます。どこか夢見がちで、地に足がつかない面もあります。晩年の健康運は低いので、日頃から食事に気をつけ筋力を鍛えましょう。

◇日干が戊　通変星…偏財

戊の堤防が、時柱の水流をせき止めます。愛情を求めながらも愛情に否定的で、葛藤を抱えるかもしれません。頑なな心を和らげることが、人生目標のひとつになります。晩年の健康運は低く、飲みすぎや冷えに要注意です。

◇日干が壬　通変星…比肩

大量の水を持つ命式で、豊満な感情を持つ人です。日干と時干が同じで、何かを目指すのではなく「自分らしく生きること」が人生目標のひとつです。激しい感情のコントロールを学ばなければ、享楽や怠惰に走る可能性も。

◇日干が癸　通変星…劫財

豊かで繊細な愛情を持ち、好きな世界や人に囲まれる幸福な晩年を迎えられそうです。家族愛や温かい友情に包まれ、子孫運にも恵まれやすいでしょう。木性が強い年運か大運の時期に、大きな喜び事や発展がありそうです。

50 癸丑 みずのとうし

日柱が癸丑の人

通変星…偏官
空亡…寅卯空亡

◇性格

水滴を表す癸と極寒の土の丑の組み合わせで、冷静で落ち着いた雰囲気を持つ人です。芯が強く根性のある努力家で、一度取り組んだことは投げ出さずに最後まで粘り強く取り組みます。優しく見えて、内面は物事を合理的に判断する、やや冷淡なところがあります。妥協しないために周囲と打ち解けにくく、誤解されることも多いでしょう。

人間関係を広げることは苦手ですが、家族や友人など身近な人には献身的という温かさを秘めています。

◇運勢

深く狭く物事を追求し、一度踏み入れた世界に長く関わり続ける姿勢があります。結果的に、ひとつの分野の専門家として活躍できるでしょう。ただし、それ以外の物事には無頓着になりがちです。

周囲に甘えない分、自助努力が必要になり、何事も人一倍苦労する面もあります。愛嬌を見せることで、生きることがラクになるはずです。

◇結婚運

配偶者を表す日支の丑と、自分自身を示す日干の癸は似た性質を持ちながらも、配偶者が自分自身を剋す関係になります。結婚後は、配偶者のペースや意向に生活を合わせることになり、自分らしさを抑える必要がありそうです。それでも尽くすことに喜びを感じるでしょう。

結婚相手に適しているのは、真面目で忍耐強く、自分の役目をしっかりこなす勤勉なタイプです。金性が強い年運か大運の時期に、スムーズに良縁に巡り合えそうです。

日柱が癸丑の有名人……水川あさみ　西島秀俊

時柱が癸丑の人

◇理想の自分や憧れること

水の性質が強い静けさのある干支ですから、大勢に注目されるような華やかな生き方は敬遠しがちです。逆にあまり人目につかない、落ち着いた人生を目指す傾向があります。例えば、人知れず好きな分野の研究に打ち込む……という生き方に、憧れを感じそうです。

ただし、常に働いて収入を得たいという願望を持ち、晩年になっても社会活動は続けたいと思うでしょう。社会貢献が目的のため、地域の清掃活動など、小さな規模でも不足感はないはずです。

人間関係も広げるより、家族や仲間など狭い範囲で和気あいあいとした雰囲気を楽しめれば、それで十分だと考えそうです。金銭欲は強めですが、それ以外はあまり大きな欲を持たない人だといえるでしょう。

◇晩年の運勢

控えめな生き方を望む分、静かで落ち着きのある晩年が訪れそうです。ご隠居生活という感じで、あちこちに飛び回ることなく自宅でのんびりと過ごし、家族と静かな時間を共有できるでしょう。読書やガーデニングなどの趣味を、リラックスしてマイペースで楽しめる気配もあります。安定志向で多くを求めませんから、それだけで十分幸福感を味わえるのです。

慣れないことを避ける分、人間関係が狭くなる点は、改善しても良さそうです。

癸丑が時柱の人の日干別アドバイス

◎日干が戊　通変星…正財

日干と時干が干合し、前向きに未来に進んでいく姿勢があります。真面目で控えめな価値観の持ち主で、安定感と家族など近しい人達との関係を大事にします。生涯勤勉さを通し、晩年はかなりの財産を築けるでしょう。

◎日干が癸　通変星…比肩

日干と時干が同じなため、何にも惑わされず自分らしく生きることが人生のテーマです。若い頃に愛情を注げるものを確立すると、晩年まで豊かな気持ちで過ごせます。行動力には欠け、視野が狭くなりやすい点にはご注意を。

51 甲寅 きのえとら

日柱が甲寅の人

通変星…比肩
空亡…子丑空亡

◇性格

明るくさっぱりしていて、裏表のない竹を割ったようなストレートな性格です。社交好きで人情味があり、人間が好きな人。爽やかな言動で自然と人を楽しませるため、大勢から好かれます。おしゃべり好きで雄弁ですが、何でもはっきり言いすぎたり大袈裟な表現になったりして、誤解されることもありそうです。

直情型で柔軟性には欠けるため、何かと正面衝突しやすいでしょう。ぶつかりながら自分を磨き、調整することを学んでいきます。

◇運勢

浮き沈みの激しい運勢です。思い立ったらすぐに走り出すことから、大成功することもあれば、大失敗して痛い目に遭うこともあります。

飽きっぽい上に挫折しやすく、ひとつの物事が長く続かず、さまざまな経験を積む結果に。空気を読む必要がある勤め人には向いていません。

火性が強い年運か大運の時期は、喜び事が多くなります。

◇結婚運

配偶者を表す日支の寅と、自分自身を示す日干の甲は同じ陽木であり、似た者同士です。お互いにパワフルでオープンな性質ですから、結婚後は遠慮なく何でも言い合える、友達のような夫婦になれるでしょう。一緒にスポーツや仲間とのアウトドアを楽しむなど、活気のある毎日を送れるはずです。

結婚相手に適しているのは、明るくカラッとしていておしゃべり好きな人。その上に行動力があるとベストです。頑固な人とは衝突しがちです。

日柱が甲寅の有名人……浜田雅功　松本人志

51 甲寅

時柱が甲寅の人

◇理想の自分や憧れること

甲も寅も裏表ないさっぱりした性質ですから、感情をストレートに出す白黒はっきりした性格の人に魅力を感じます。大勢の前で遠慮なく反対意見を述べたり、これはと思ったものにすぐに飛びついたりするような、アクティブさのある人です。そして自分自身も、そのようにありたいと願うでしょう。そのため、ウジウジしている人には反発心を覚えるかもしれません。

職業では、知的な才能を活かせる分野に憧れます。例えば学校や塾の先生や医療関係者、作家などです。ただコツコツ研究を重ねるだけではなく、それを人前で大々的に発表して大勢に影響を与えることに、強い喜びを感じるでしょう。基本的に、「自己アピールができる人生」を望んでいるのです。

◇晩年の運勢

自己アピールをしたい気持ちが功を奏して、年齢を重ねるごとに自己主張や話し方が上手くなるでしょう。そのための知識や情報収集にも、手を抜かないはず。ですから晩年は得意分野ができるなど、大勢に何かを伝える手段を持てそうです。例えば定期的に教室を開いたり、動画配信をしたりすることが可能です。多くの賛同者にも恵まれるでしょう。

ただし深く考えない発言が周りに咎められるなど、言葉によるトラブルに注意が必要です。

甲寅が時柱の人の日干別アドバイス

◇日干が戊　通変星…偏官

本来勤勉な性質のため、言葉や知識を使う仕事で安定した成功を目指します。ただし頑張りすぎて疲弊したり、自己嫌悪に陥ったりすることも多いでしょう。無意識のうちに目下をこき使いやすいので、その点は自重して。

◇日干が癸　通変星…傷官

優しく繊細なタイプですが、壮大な夢や目標を掲げる傾向があります。着実に実現に近づけるものの、疲弊しやすいようです。無理せず実力者などに積極的に援助を求めましょう。水性が強い年運か大運の時期は幸運です。

52 乙卯 きのとう

日柱が乙卯の人

通変星…比肩
空亡…子丑空亡

◇性格

草花を表す乙は繊細で控えめですが、同じ陰木の卯が重なると、かなり強い性質になります。裏表がなく飾らない性格で、頭がクルクルとよく回転するためおしゃべり好きです。好奇心が旺盛で、ひとときもジッとしていません。無邪気で弱そうに見えて、気が強く負けず嫌いで、周囲に迎合せずに考えを貫き通す頑固さも持っています。

何事も理屈で考える傾向があり、優しさや温かさに欠ける面も。ゆったり過ごして神経を休める時間が必要です。

◇運勢

ジッとせずに活動し続ける結果、生涯を通して多くの経験を重ねます。飽きっぽさも手伝い環境がクルクルと変わり、ひとつの場所に長くとどまることは少ないでしょう。人間関係もガラッと変化し、多くの人と浅く広く関わる人生になりがちです。

金運と健康運も変動が激しい様子。火性が強い年運か大運の時期は、幸運に恵まれます。

◇結婚運

配偶者を表す日支の卯と、自分自身を示す日干の乙は同じ陰木であり、似た者同士です。結婚後はお互いに対等な立場として何でも言い合えるような、友達のような夫婦になれるでしょう。ただし相手の方が束縛を嫌い自由を好むため、常に一緒にいるよりそれぞれ別世界を持った方が、上手くやっていけそうです。

結婚相手に適しているのは、自分の意見を持っていて芯が強く、よく話す明るい人です。少しくらいワガママな人でもいいでしょう。

日柱が乙卯の有名人……萩本欽一　柴咲コウ

時柱が乙卯の人

◇理想の自分や憧れること

何かの分野で大成功するような大胆さは、人生に求めていません。この人の理想をひと言で表すと、「楽しい経験をたくさん重ねる人生」といえるでしょう。

人生に何かの爪痕を残すよりも、「今、その瞬間を楽しみたい」という願望が強いようです。ですから週末はあちこちへ旅行したり、季節ごとのイベントに参加したりと、取り留めもなく楽しい経験を重ねていきたい様子。すぐに、その経験を忘れてしまってもいいのです。そんな瞬間瞬間を自由気ままに楽しむ人生に、憧れを感じることでしょう。

それと同時に、色々な人と交際して刺激を受けることも、理想のひとつといえます。それも何かの結果を出すためではなく、ただ楽しみたいということが目的です。

◇晩年の運勢

尽きることのない好奇心があるため、年齢を重ねても若々しい雰囲気を失いません。むしろ晩年になるほど、無邪気で愛らしくなる気配があります。

特に人間関係の動きが活発で、常に周りに友人知人がいてにぎやかな毎日でしょう。それは趣味や習い事、同業者の集まりが多そうです。何事も永続性には欠けますが、常に新鮮な空気が漂い、退屈を感じることはないでしょう。

火性の強い年運か大運の時期は、何かで大きな実りを得そうです。

乙卯が時柱の人の日干別アドバイス

◇日干が戊　通変星…正官

自分の本質とはかけ離れた理想を求めるため、頑張る割には常に不足感を抱え、ときには自己嫌悪に陥るかもしれません。本業と趣味をかけ持った方が、安定感を得られるはずです。晩年の健康運は低く、栄養不良に要注意。

◇日干が癸　通変星…食神

日干と時柱の相性が良く、無理なくスムーズに理想を実現したり、楽しい晩年を築いたりできます。特に人間関係が良好で、無邪気さゆえに誰からも愛されるはず。ただし晩年は享楽的になりすぎないようにご注意ください。

53 丙辰 ひのえたつ

日柱が丙辰の人

通変星…食神
空亡…子丑空亡

◇性格

明るく温厚な雰囲気を持ち、その上に情緒が安定しているため、周りをホッと癒す力があります。朗らかに見えて内面には強い意志と強烈なパワーを秘め、一度決めたら途中で投げ出すことなく、目標を目指して勢いよく進み続けます。自尊心が強い分、自分を高めて大きな活動をすることに、喜びを感じるでしょう。

だからといって人と争うことはなく、温和に物事を進めていきます。人情味があるため、リーダー役を任されることも多い人です。

◇運勢

丙の火が辰の土に力を与えるように、何かに頼ることなく、自分の人生を自分で切り開く姿勢を持ちます。丙も辰もダイナミックで大胆ですから、常に世間を揺るがすような大きなことに挑戦するでしょう。それがプラスに出て、周りに強い影響を与える活躍ができそうです。ぶれない管理能力を持つため、健康運と金運も良好です。

◇結婚運

配偶者を表す日支の辰と、自分自身を表す日干の丙は好相性で、幸せな結婚生活を送れます。自分の明るさやユーモアが、配偶者に元気を与えます。そして相手の現実的な思考と真っすぐな行動力が、あなたの人生を良い方向へと動かしてくれるでしょう。

結婚相手に適しているのは、真面目で現実的な考えを持ち、自分のやりたいことに邁進するような大胆さを秘める人です。どちらかが尽くすのではなく、お互いに自由に動く状況がベストです。

日柱が丙辰の有名人……横浜流星　上戸彩

時柱が丙辰の人

◇理想の自分や憧れること

陽火の丙は、人前に出て大々的に目立つことを求めます。時支の辰のダイナミックさも手伝い、ひと言でいえば「社会で華やかに活躍して、大勢に注目される人生」を、心の奥で望んでいるといえるでしょう。

辰が現実味のある土であることから、ただタレントやアイドルのように目立つのではなく、「自分の実力を社会に反映させること」を求めています。例えば知識と経験を活かして地域を守る市議会委員や、店舗を出してチェーン化を狙う経営者などに、強い憧れを感じるでしょう。社会に広く役立つだけではなく、知名度を上げるなど目立つ要素があれば、満足できるのです。

性格的には、人に頼るのではなくリーダーとして君臨する人物を、尊敬できそうです。

◇晩年の運勢

常に意識が広い外の世界に向いていることが功を奏し、晩年になるほど社会的認知度が高まっていく傾向があります。既に若い頃に、大勢に注目される職業を選択した人も多いでしょう。一度その道に入ったら、生涯を通して安定して努力を続けます。ですから晩年はその職業の第一人者となり、収入も多額となっているはずです。

ただし常に外ばかりを見て、家庭などプライベート面をおざなりにしやすい点は、改善する必要がありそうです。

丙辰が時柱の人の日干別アドバイス

◎日干が戊　通変星…偏印

日干と時柱の馴染みが良く、日頃の頑張りがすんなりと実り、社会的成功をつかめそうです。特に部下や後輩、弟子など目下の人がサポートしてくれます。金運も良好で、ぜいたくができる豊かな晩年を迎えられるでしょう。

◎日干が癸　通変星…正財

自分の本質とかけ離れた理想を求めるため、なかなか目標に近づかないと感じたり、自己嫌悪に陥ったりしそうです。ときには目標のレベルを下げることも必要です。目下の人が頼りにくいので、目上との関係を大事にして。

54 丁巳 ひのとみ

日柱が丁巳の人

通変星…劫財
空亡…子丑空亡

◇性格

陰干支のため温和で穏やかな雰囲気を持っていますが、火の組み合わせで大変情熱的な性質です。普段は表に出さなくても、内面には大きな野心や独立心を秘め、常に何かに燃えているでしょう。柔軟性はあるものの、筋が通らないことや嫌だと思うことには徹底的に歯向かい、意地でも意志を貫く頑固な面を持っています。

好き嫌いも激しく、好きな人には強く執着し、嫌いな人には強い憎悪を抱えます。常に内面は揺れ続けている人なのです。

◇運勢

浮き沈みが激しく、トップに立つか大失敗するかという極端な運勢を持つ人です。自我を押し通し続けると状況が悪化しますが、協調性と柔軟性を身につけると味方に恵まれ、大発展が期待できます。

年運や大運の影響も強く受けます。木性や火性が強い巡りでは失敗が増えがちですが、土性が強い巡りの時期は、幸運に恵まれます。

◇結婚運

配偶者を表す日支の巳と、自分自身を示す日干の丁は共に陰火で、似た性質を持っています。結婚後はお互いに相手に深い愛情を持ち、支え合いながら生活できるでしょう。どちらかが尽くすのではなく、似た者同士の友達のような夫婦になりそうです。ただし喧嘩をすると長引きますので、誠意を持つことが大切です。

結婚相手に適しているのは、愛情が深くて一途で、色気がある人です。少し嫉妬深いくらい人の方が、安心感を持てるでしょう。

日柱が丁巳の有名人……堤真一　哀川翔

時柱が丁巳の人

◎理想の自分や憧れること

安定した平坦な人生は嫌い、どこか一風変わった生き方に惹かれます。独特な世界に入り込み、それに情熱を燃やすことに強い生き甲斐を感じるでしょう。具体的には、広く知られていない伝統文化を守る活動に力を入れたり、爬虫類などあまり一般的ではない動物の飼育に熱心になったり……といった感じに。陰干支のため、それで注目を集めようというのではなく、あくまでも内面の充実にこだわるのです。

性格的には、パッと明るいのではなく陰があり、内面に複雑な感情が渦巻くような人物に惹かれます。深い愛情が歪んで復讐心を抱えるような、情念を持つ人物にも魅力を感じるでしょう。自分自身も無意識のうちに、そうした生き方を選ぶ傾向があります。

◎晩年の運勢

何かに情熱を燃やしたい気持ちが強いことから、晩年はその対象が確定している可能性大です。それは楽器演奏など自分を表現する世界かもしれませんし、生涯愛すると決めた人かもしれません。晩年はその熱い想いを温めつつ、意欲的に日々を過ごすことができそうです。

ただし好きな世界に集中しすぎて、他の物事はおざなりになりがちに。また情念が悪く出ると、一生を通して憎悪や復讐心を持ち続け、人生を悪化させる心配もあります。

丁巳が時柱の人の日干別アドバイス

◇日干が戊　通変星…印綬

夢や理想を持つだけで活力が生まれ、人生が豊かになります。本職のほかに趣味の世界があると、強く情熱をぶつけられるでしょう。晩年は自宅で落ち着かずに楽しみを追う日々になり、そのため散財する傾向があります。

◇日干が癸　通変星…偏財

癸の水が時柱の火を弱めます。本質とは大幅に違う夢や理想を掲げるため、浮足立って夢見がちになりそうです。癸亥の人は天戦地冲（てんせんちちゅう）となり、その傾向が強まります。木性が強い年運か大運の時期は、理想に近づけるでしょう。

55 戊午 つちのえうま

日柱が戊午の人

通変星…印綬
空亡…子丑空亡

◇性格

温厚で物静かに見えて、内面には強い情熱を秘めている、エネルギッシュな人です。決められた物事に真面目に取り組む従順さがあるかと思うと、突然激しい感情に突き動かされて、周りが驚くような派手なアクションを起こすことも。目立つためリーダー役に抜擢されやすいですが、協調性には欠け、独りで暴走して問題視されることもあるでしょう。

猪突猛進しがちな点をコントロールできれば、大役を成し遂げる器が育っていくはずです。

◇運勢

通変星が印綬であり、戊の土と午の火が相生であることから、強運の持ち主です。自分で自分を盛り上げる情熱と熱意により、周囲に頼らず運勢を自分で切り開く姿勢を持ちます。若い頃は感情に身を任せての失敗が多くても、次第に行動について学び熟練する、大器晩成型です。

健康運はやや低く、高血圧や熱中症にご注意ください。

◇結婚運

配偶者を表す日支の午が、自分自身を表す日干の戊に、高いエネルギーを注ぎます。そのため結婚後は、配偶者が自分自身に元気をくれるという与えられる相性です。相手の明るさや情熱的な性格に触れて、仕事でも家庭づくりでも前向きな気持ちになれるでしょう。

結婚相手に適しているのは、明るく活動的で、自分の意見をはっきりと言う裏表のない人です。火性が強い年運か大運の時期に、そうした相性の良い人と縁ができる可能性大です。

日柱が戊午の有名人……新庄剛志　高畑充希

時柱が戊午の人

◇理想の自分や憧れること

戊は勤勉な性質を持つため、基本的には仕事を通して社会貢献したり、しっかり稼いだりしたいという願望を持っています。その上で時支の午は、内面でメラメラと情熱を燃やす状態を表します。ですからただ淡々と働くのではなく、「激しい情熱を燃やして、社会に働きかけていく人生」を求めているといえます。

そして「注目されたい」という願望を秘めるのも、この時柱の特徴。ですから職業でいえば、好きな料理の飲食店を経営してチェーン化を目指したり、闘う性質の強いスポーツ選手やプロの囲碁将棋として活躍したり……という状況に、強い憧れを感じるはずです。上昇志向ですから、年齢を重ねてもさらなる高みを目指して前進したいと願うでしょう。

◇晩年の運勢

途絶えることのない向上心が功を奏し、年齢を重ねるごとに活躍できる場を築けそうです。隠居生活とは無縁で、女性であっても生涯を通して専門職でバリバリと働き続ける姿勢があります。例えば地域の講演会に登壇したり、地域を盛り上げる役員として活躍したりと、小規模でも「社会に自分をアピールできること」に喜びを感じる晩年になるでしょう。

ただし晩年の健康運は低いので、油断は禁物。調子が良いときも、休む時間を大切に。

戊午が時柱の人の日干別アドバイス

◇日干が戊　通変星…比肩

日干と時干が同じのため、無理なく自分のペースで生きられる人です。大変な仕事好きで、情熱を燃やして生涯役割に取り組み続けられるでしょう。ただし頑固さと保守的な性質により、狭い世界から抜け出せない気配も。

◇日干が癸　通変星…正官

本質とかけ離れた理想を掲げますが、日干と時干が干合しているため、ロマンを持って未来に進めます。ただしどこか現実離れした願望である点も否めません。できるだけ実力者に甘えて縁をつなぐことで、夢が実現します。

56 己未 つちのとひつじ

日柱が己未の人

通変星…比肩
空亡…子丑空亡

◇性格

控えめですが朗らかでユーモアがあり、周りの人をホッと和ませる雰囲気を持っています。弱そうに見えて非常に芯が強く、忍耐力のあるしっかり者。窮地に陥っても慌てることなくじっくりと構え、コツコツと時間をかけて、状況改善に向かって前進できるでしょう。

家族や友人に愛情を注ぎますが、何事も自分の意志で進める分、協調性は薄い方です。我慢する状態が続くと、突然怒りや不満が爆発して、周りに衝撃を与えることもあるでしょう。

◇運勢

チャレンジ精神が旺盛な方ではなく慎重なので、一度関わった仕事などをじっくりと長く続ける姿勢があります。そのため世界観は狭くなるものの、生涯を通して変動の少ない安定感のある人生となるでしょう。人間関係も数少ない人達と、細く長い交際をしがちです。金運は良好です。貯蓄意識が強く、着実に財産を築けるでしょう。

◇結婚運

配偶者を表す日支の未と、自分自身を示す日干の己は、同じ陰土で似た性質です。そのため結婚後はお互いに対等な立場として支え合う、友達のような夫婦になれるでしょう。どちらかというと火の蔵干を持つ未の配偶者の方が、自分自身に活力を与える関係になります。結婚相手に適しているのは、真面目で芯がしっかりしていて忍耐強く、勤勉な人です。同世代ならさらに意気投合するでしょう。金性が強い星回りの時期に良縁があります。

日柱が己未の有名人……長友佑都　加藤登紀子

時柱が己未の人

◇理想の自分や憧れること

陰土が重なるため、パッと人目を引くような華やかなことは好みません。それよりも、人知れず地道に着々と人生を歩むことに、安心と喜びを感じるでしょう。

例えば、学校を卒業して地元の会社に就職し、家庭を持って子供を育てる……という王道を進むことが、最大の幸福であると感じる人も多いはずです。未来志向ではなく「今この瞬間」を重視するタイプですから、その日に美味しい物を食べて、家族と他愛無い会話ができるだけで、十分満足できると思えるのです。

性格的には、自分の役割に誠実に取り組む職人タイプに、尊敬の念を感じそうです。金銭欲は人一倍強いため、豊富な資金や広大な土地を持つ資産家にも、憧れの気持ちを抱える傾向があります。

◇晩年の運勢

堅実に生きる姿勢が功を奏し、年齢を重ねるほど生活環境が安定する傾向があります。例えばマイホームを購入して安住できたり、真面目に働き続けたお陰で、生涯遊んで暮らせるほどの貯蓄があったりするでしょう。晩年はあくせくすることなく、自宅でのんびりとガーデニングや料理を楽しむ日々を送れるはずです。

ただし安定を求めすぎて、経験値が下がる点は見直す必要があります。少しでも生活に変化を取り入れるように心がけましょう。

己未が時柱の人の日干別アドバイス

◇日干が戊　通変星…劫財

土の性質が強く、真面目で勤勉で石橋を叩いて渡るような、保守的な人です。安定志向で生き方に迷いがなく、特に家族を大事にする姿勢があります。晩年の金運は極めて好調で豊かになりますが、ひたすら貯め込む傾向も。

◇日干が癸　通変星…偏官

癸の水分が、時干の己の湿った土を緩めます。謙虚で控えですが、感情が沈みがちで自信を持ちにくい様子。晩年は体力に欠けるので、筋トレを意識して。金性が強い年運か大運の時期には、大きな収穫が期待できます。

57 庚申 かのえさる

日柱が庚申の人

通変星…比肩
空亡…子丑空亡

◇性格

庚申の日に眠ると、体内の虫が天に昇ってその人の悪事を告げるという「庚申信仰(こうしん)」があったように、特別視される干支です。

スパッと竹を割ったような白黒はっきりさせる性格で、明るくユーモアがあります。庚の刃物が申の金で強まることから、人に頼らず自分の人生を自分で切り開き、プライドが高く負けず嫌いで、攻撃的な一面も抱えています。思ったことははっきりズバズバと言い、知らないうちに人を傷つけることもあるでしょう。

◎運勢

白か黒かという個性が際立つ性格ゆえに、平坦ではない人生になりそうです。周りに頼らず自力を信じて動くことから、大成功や大失敗を繰り返しがちです。安定を好まないため、成功してもすべてを投げ捨て、新たな道を選ぶことも。何事も吉凶が明確に分かれる傾向があるのです。

水性が強い星回りの時期は、幸運が多くなります。

◎結婚運

配偶者を表す日支の申と、自分自身を示す日干の庚は、陽金同士で似た性質を持っています。結婚後はお互いに対等な立場として支え合える、友達のような夫婦になれるでしょう。共に好奇心旺盛で安定を好まないので、一緒にあちこちへ旅行したり、スポーツ観戦などの趣味を楽しんだりと、生活の中に楽しさを取り入れられるはずです。

結婚相手に適しているのは、頭の回転が速くて知恵とユーモアがあり、一緒にいて気分が上がる人です。

日柱が庚申の有名人……妻夫木聡　田中将大

時柱が庚申の人

◇理想の自分や憧れること

独特な干支であることから平凡は嫌い、人とは一風違った個性的な生き方を求めます。良い学歴を得て良い会社に就職し、結婚して子供を育て……というレールに沿った人生には、抵抗を感じるでしょう。ときには学歴を放棄し、独自の道を選ぶ人もいそうです。

特に専門分野の知識や技術を習得し、それを活かして人生を楽しむことに関心があります。例えばファッションの研究を続けてデザイナーとして活躍したり、ゲームの世界にすっかりはまり、ゲームプログラマーの技術を身につけたり……。特に人をワクワクさせるエンタメ系に、強い関心があるでしょう。

性格的には、ユーモアがあり人とは違う思想を持つ、少し道を外れて生きる人に魅力を感じそうです。

◇晩年の運勢

個性を求め続けることにより、晩年は人とは違う特技やセンスを身につけ、日々を謳歌している可能性があります。例えば、あまり人がやらない創作の技術を身につけ、作品を販売しているかもしれません。もしくは歌や踊りの才能を磨き続けているかもしれません。オリジナリティーあふれる才能を多くの人々に見せて、高揚感を味わっていることでしょう。

気持ちが外に向く分、家庭をおざなりにする傾向も。生涯独身を貫く人も多そうです。

庚申が時柱の人の日干別アドバイス

◎日干が戊　通変星…食神

戊の土が時柱の金にエネルギーを与え、能力を活かしてスムーズに夢や理想を実現できます。特に勝負事や何かを創造する分野で、頭角を現すでしょう。晩年の金運も高く資産家になれますが、美食に走らないようご注意を。

◎日干が癸　通変星…印綬

時柱の金が、癸に多大なエネルギーを与えます。繊細な割に壮大な夢を持ち、未来を空想するだけで力が湧いて元気になれるはず。特に部下や弟子など、目下の人が協力的です。水性が強い星回りの時期に、幸運があります。

58 辛酉 かのとり

日柱が辛酉の人

通変星…比肩
空亡…子丑空亡

◇性格

大変頭の回転が速くてセンスも良く、次々と良いアイデアが浮かぶ人です。何かをじっくりと考えたり、調べたりすることを好む、研究家肌を持っています。弁舌も爽やかでユーモアセンスも優れますが、ときにはズバッと鋭い発言をして、人にダメージを与えることもあるでしょう。

自信がある分、柔軟性には欠け、主義主張を曲げない頑固さがあります。論理を重視して人情味が薄い面もあるため、優しさを身につけると鬼に金棒となるはずです。

◇運勢

自我と自尊心が強く、自分の人生は自分で切り開いていく姿勢があります。人に頼ったり甘えたりすることが苦手なため、苦労を独りで背負い込み、ときには遠回りになることもあるでしょう。それでも頭の良さと忍耐力を駆使し、コツコツと良い状況を目指して進めるはずです。ただし人間関係では衝突が多く、特に舌禍(ぜっか)に要注意です。

◇結婚運

配偶者を表す日支の酉と、自分自身を示す日干の辛は共に陰金で、似た者同士です。結婚後はお互いに言いたいことを遠慮なく言い合える、友達のような夫婦になれるでしょう。共に人生に楽しさを求めるため、結婚後もそれぞれの趣味を大事にしたり、一緒にスポーツに興じたりしそうです。ただし衝突するとお互いに折れず、喧嘩が長引く傾向があります。

結婚相手に適しているのは、明るくて気が強く、話好きで多趣味な人になります。

日柱が辛酉の有名人……小泉純一郎　吉田沙保里

時柱が辛酉の人

◇理想の自分や憧れること

常に新鮮な刺激を味わいたいという願望があるため、年齢を重ねても隠居のような変化のない生活には否定的です。この人が求めるものをひと言で表すと、「楽しく自分を磨き続ける人生」といえるでしょう。

辛が貴金属を表すように、基本的に美しいものに関心があります。例えばファッションやアンチエイジングに力を入れていたり、部屋のインテリアに凝っていたりするかもしれません。美に囲まれていたり、自分自身が美しく洗練されていたりすることに、強い憧れを感じるのです。人物像でも、細身のモデルなどハイセンスで美をまとっている人に、尊敬の念を感じそうです。さまざまな趣味や特技を持つ頭の回転の速い人にも、素直に憧れるでしょう。

◇晩年の運勢

好奇心旺盛な姿勢がプラスに働き、年齢を重ねるごとに特技や趣味が増える気配があります。それもアクセサリーづくりやクッキーづくりなど、美的センスを発揮できるものが多いでしょう。大々的に自己アピールをすることはなく、ただ自分や周囲の人達が楽しめればそれでいい……という感覚があります。チャレンジ精神が続き、退屈とは無縁なはずです。

常に自由気ままに楽しく過ごしたいという願望から、生涯独身を通す人も多いでしょう。

辛酉が時柱の人の日干別アドバイス

◇日干が戊　通変星…傷官

戊の土が、時柱の金を強化します。強い信念と自信を持ち、着実に理想の自分に近づけるでしょう。美に関する仕事で頭角を現す可能性もあります。金運も総じて高いですが、高価な買い物で散財する傾向も否定できません。

◇日干が癸　通変星…偏印

時柱の金が、癸のパワーを高めます。頑張らなくてもごく自然の流れで、洗練されたセンスの良い自分になれるはずです。美の世界で頭角を現せる可能性も。晩年は趣味を楽しみ、美しさと若々しさを維持できるでしょう。

59 壬戌 みずのえいぬ

日柱が壬戌の人

通変星…偏官
空亡…子丑空亡

◇性格

人情味と情緒あふれる壬と、律儀で礼儀を重んじる真面目な戌が重なっています。義理人情に大変厚く、自分を頼ってくれる人を可愛がり、全身全霊を賭けて守る姿勢があります。自分自身よりも誰かのために活動する人だといえるでしょう。

エネルギッシュで自分を律する厳しさがあり、安穏とした状況では力を発揮できず、難しい状況にも果敢に体当たりするチャレンジ精神にあふれています。ときには正義感を振りかざすこともありそうです。

◇運勢

開拓精神が旺盛なチャレンジャーのため、自然と変動の激しい人生になります。モチベーションは「愛する力」から生じ、常に愛する対象がいるでしょう。それは家族だったり、自分を慕う人達だったりします。それを守ることが生き甲斐でもあるのです。

健康運は、あまり良くありません。循環器系の不調などにご注意ください。

◇結婚運

配偶者を表す日支の戌と、自分自身を表す日干の壬は、相剋となります。自分が持つ豊かな感情を、相手が強引にせき止める形になりがちです。結婚後はいつも相手の様子を伺いながら自分を抑え込み、長所を発揮しにくくなるでしょう。結婚後もすべて相手に委ねず、自分の世界を守る必要があります。

結婚相手に適しているのは、真面目で勤勉で経済力があり、しっかりと約束を守る律儀なタイプです。できれば年上の方が安心できるでしょう。

日柱が壬戌の有名人……綾瀬はるか　小池百合子

時柱が壬戌の人

◇理想の自分や憧れること

陽干支ということもあり、意識は外の世界に向き、社会活動を通して自分を表現したいという願望があります。壬が豊かな人情を持つことから、それは決して自分のためではなく、応援してくれる人や社会のため……という任務感がベースになっているのです。誰かに役立ち、そして幸せにしたいと、心の奥で願っているのでしょう。

職業でいうと、応援してくれるファンが多くつく俳優や音楽アーティスト、政治家などが挙げられます。小規模なところでは、お客様を大事にする飲食店の経営者、地域を守る町内会の役員など、人のためになると実感できる職種に惹かれるでしょう。

性格的には、何かのために物事に果敢に挑戦する勇敢な人に、尊敬の念を感じます。

◇晩年の運勢

年齢を重ねてもジッとすることなく、社会に出て誰かのために活動していく姿勢があります。それは生徒を集めて専門分野の講座を開くことかもしれませんし、困っている人に手を差し伸べる福祉活動かもしれません。そのため何歳になっても「人の役に立っている」と実感できるでしょう。信頼してくれる人も集まり、孤独とは無縁でいられるはずです。

ただし気持ちが外に向かう分、家庭がおざなりになりがちに。子孫運も強くありません。

壬戌が時柱の人の日干別アドバイス

◇日干が戊　通変星…偏財

戊の堤防が壬の水をせき止め消耗しますが、時支の戌が根になるため、大事には至りません。誰かのためという目標を掲げ、生涯を通して真面目に役割に取り組みます。それが功を奏し、晩年の金運は高く貯蓄を築けます。

◇日干が癸　通変星…劫財

小さな水滴の癸が、壬の大海を目指す命式です。本来愛情深いですから、誰かのためにコツコツと時間をかけて、自分の器や活動範囲を広げられるでしょう。ただし晩年の健康運は低調。冷えからくる疾患には要注意です。

60 癸亥 みずのとい

日柱が癸亥の人

通変星…劫財
空亡…子丑空亡

◇性格

控えめで優しい雰囲気がありますが、内面には強い意志と忍耐力、そして野心を秘めています。棚ボタ的な幸運を求めることなく、何事も地道な努力を惜しみません。目立つことは好みませんが、自然とリーダー役になることも多いでしょう。

陰水が重なる日柱であり、あまり本音を見せないものの、深い愛情や人情を持つ人です。これ見よがしではなく、さり気なく人に優しく親切にします。ただし、ときにはバッサリ切るような冷酷さも見せます。

◇運勢

強い信念を持ったため一度決めたら迷うことなく、ひとつの道を進み続ける姿勢があります。好き嫌いが激しく、好きな人や物事は大事にしますが、嫌いな物事は一切寄せつけない傾向が。そのため人生上の波乱が少なく、次第に好きな物事で周りを固め、良い状況を築けるでしょう。

健康面は、飲みすぎや泌尿器系の不調に要注意です。

◇結婚運

配偶者を表す日支の亥と、自分自身を表す日干の癸は、陰水同士であり似た性質を持っています。そのため結婚後は、対等の立場としてお互いに支え合う、友達のような夫婦になれるでしょう。共に愛情深いため、思いやり合って献身的になれるはずです。

結婚相手に適しているのは、控えめでも強い意志を持っていて忍耐強く、愛情深い一途な人です。できれば同世代なら安心できるでしょう。家庭を顧みない人では、寂しさを覚えるはずです。

日柱が癸亥の有名人……明石家さんま　池江璃花子

時柱が癸亥の人

◇理想の自分や憧れること

バリバリと働き社会的に注目されるような、華やかさは求めていません。周りからの評価より、内面の幸福感を重視する人です。

情を示す水が重なる時柱ですから、この人が求めるものをひと言で表すと、「心が深い愛情に満たされている人生」であるといえます。愛情を持つ対象にはさまざまなものがありますが、主に配偶者などのパートナーや恋人、子供、ときには片想いの相手という場合もあるでしょう。専門分野やペット、創作的な趣味も考えられます。そうした対象に深い愛情を注ぎ、全身全霊をかけて献身的に尽くすことに、真の喜びを感じるのでしょう。

性格的には、物静かでも内面に野心や愛情を秘める神秘的な雰囲気を持つ人に、憧れる傾向があります。

◇晩年の運勢

愛情を大事に生きる姿勢が功を奏して、年齢を重ねるごとに周りに大事な人や物事が増えていくでしょう。特に家庭運が高く良い子孫にも恵まれ、温かい家族愛に包まれる晩年を迎えられそうです。もし家族がいなかったとしても、好きな世界に心底陶酔できる日々を送れるはずです。そのため、孤独感とは無縁でいられるでしょう。

欲のなさが原因で、晩縁の金運は低め。稼げるうちに稼いだ方が得策です。健康面は飲みすぎにご注意ください。

癸亥が時柱の人の日干別アドバイス

◇日干が戊　通変星…正財

日干と時干が干合し、楽しみながら理想を追えるはずです。本質と理想がかけ離れ、自我を抑えて愛する対象に尽くすことが、ひとつの人生目標です。土と水を調停する金性が強い年運か大運の時期に、幸運に恵まれます。

◇日干が癸　通変星…比肩

日干と時干が同じであり、自分を飾らない素直な性格です。向上心は薄く、周囲の環境に流されやすい面があります。甘言に乗せられたり、アウトロー的な生き方になったりしないよう、現実的感覚と判断力を養いましょう。

第三章 資料編

福島	＋ 22 分
会津若松	＋ 20 分
茨城県	
日立	＋ 23 分
水戸	＋ 22 分
栃木県	
宇都宮	＋ 20 分
日光	＋ 19 分
足利	＋ 18 分
群馬県	
館林	＋ 18 分
前橋	＋ 17 分
高崎	＋ 16 分
埼玉県	
大宮	＋ 19 分
所沢	＋ 18 分
千葉県	
銚子	＋ 23 分
千葉	＋ 21 分
船橋	＋ 20 分
東京都	
23 区	＋ 19 分
八王子	＋ 17 分

北海道	
釧路	＋ 38 分
旭川	＋ 29 分
札幌	＋ 25 分
函館	＋ 23 分
青森県	
八戸	＋ 26 分
青森	＋ 23 分
弘前	＋ 22 分
岩手県	
釜石	＋ 28 分
盛岡	＋ 25 分
秋田県	
秋田	＋ 21 分
宮城県	
気仙沼	＋ 26 分
石巻	＋ 25 分
仙台	＋ 24 分
山形県	
山形	＋ 21 分
酒田	＋ 19 分
福島県	
いわき	＋ 24 分

岐阜県	
高山	＋ 9 分
岐阜	＋ 7 分
大垣	＋ 6 分
石川県	
輪島	＋ 8 分
金沢	＋ 6 分
三重県	
伊勢	＋ 7 分
津	＋ 5 分
滋賀県	
彦根	＋ 7 分
大津	＋ 4 分
福井県	
福井	＋ 5 分
敦賀	＋ 4 分
京都府	
京都	＋ 3 分
福知山	＋ 1 分
大阪府	
東大阪	＋ 3 分
大阪	＋ 2 分
奈良県	

神奈川県	
横浜	＋ 19 分
小田原	＋ 17 分
新潟県	
新潟	＋ 16 分
長岡	＋ 15 分
山梨県	
大月	＋ 16 分
山梨	＋ 15 分
甲府	＋ 14 分
静岡県	
熱海	＋ 16 分
静岡	＋ 14 分
浜松	＋ 11 分
長野県	
長野	＋ 13 分
松本	＋ 12 分
富山県	
黒部	＋ 10 分
富山	＋ 9 分
愛知県	
豊橋	＋ 10 分
名古屋	＋ 8 分

室戸	－３分
高知	－６分
中村	－８分
島根県	
松江	－８分
出雲	－９分
広島県	
福山	－６分
尾道	－７分
広島	－10分
愛媛県	
新居浜	－７分
松山	－９分
宇和島	－10分
山口県	
岩国	－11分
山口	－14分
下関	－16分
大分県	
大分	－13分
別府	－14分
宮崎県	
延岡	－13分

奈良	＋３分
天理	＋３分
和歌山県	
新宮	＋４分
和歌山	＋１分
兵庫県	
神戸	＋１分
明石	０分
姫路	－１分
徳島県	
徳島	－２分
鳴門	－２分
鳥取県	
鳥取	－３分
米子	－６分
岡山県	
備前	－３分
岡山	－４分
倉敷	－５分
香川県	
高松	－４分
丸亀	－５分
高知県	

宮崎	－ 14 分
熊本県	
阿蘇	－ 16 分
熊本	－ 17 分
福岡県	
北九州	－ 17 分
久留米	－ 18 分
福岡	－ 19 分
鹿児島県	
鹿児島	－ 18 分
名瀬	－ 22 分
佐賀県	
佐賀	－ 19 分
唐津	－ 20 分
長崎県	
島原	－ 19 分
長崎	－ 20 分
佐世保	－ 21 分
沖縄県	
名護	－ 28 分
那覇	－ 29 分
石垣	－ 43 分

年＼月	1月	2月	3月	4月	5月	6月	7月	8月	9月	10月	11月	12月
1916年	33	4	33	4	34	5	35	6	37	7	38	8
1917年	39	10	38	9	39	10	40	11	42	12	43	13
1918年	44	15	43	14	44	15	45	16	47	17	48	18
1919年	49	20	48	19	49	20	50	21	52	22	53	23
1920年	54	25	54	25	55	26	56	27	58	28	59	29
1921年	0	31	59	30	0	31	1	32	3	33	4	34
1922年	5	36	4	35	5	36	6	37	8	38	9	39
1923年	10	41	9	40	10	41	11	42	13	43	14	44
1924年	15	46	15	46	16	47	17	48	19	49	20	50
1925年	21	52	20	51	21	52	22	53	24	54	25	55
1926年	26	57	25	56	26	57	27	58	29	59	30	0
1927年	31	2	30	1	31	2	32	3	34	4	35	3
1928年	36	7	36	7	37	8	38	9	40	10	41	11
1929年	42	13	41	12	42	13	43	14	45	15	46	16
1930年	47	18	46	17	47	18	48	19	50	20	51	21
1931年	52	23	51	22	52	23	53	24	55	26	56	26
1932年	57	28	57	28	58	29	59	30	1	31	2	32
1933年	3	34	2	33	3	34	4	35	6	36	7	37
1934年	8	39	7	38	8	39	9	40	11	41	12	42
1935年	13	44	12	43	13	44	14	45	16	46	17	47
1936年	18	49	18	49	19	50	20	51	22	52	23	53
1937年	24	55	23	54	24	55	25	56	27	57	28	58
1938年	29	0	28	59	29	0	30	1	32	2	33	3
1939年	34	5	33	4	34	5	35	6	37	7	38	8
1940年	39	10	39	10	40	11	41	12	43	13	44	14

年＼月	1月	2月	3月	4月	5月	6月	7月	8月	9月	10月	11月	12月
1941年	45	16	44	15	45	16	46	17	48	18	49	19
1942年	50	21	49	20	50	21	51	22	53	23	54	24
1943年	55	26	54	25	55	26	56	27	58	28	59	29
1944年	0	31	0	31	1	32	2	33	4	34	5	35
1945年	6	37	5	36	6	37	7	38	9	39	10	40
1946年	11	42	10	41	11	42	12	43	14	44	15	45
1947年	16	47	15	46	16	47	17	48	19	49	20	50
1948年	21	52	21	52	22	53	23	54	25	55	26	56
1949年	27	58	26	57	27	58	28	59	30	0	31	1
1950年	32	3	31	2	32	3	33	4	35	5	36	6
1951年	37	8	36	7	37	8	38	9	40	10	41	11
1952年	42	13	42	13	43	14	44	15	46	16	47	17
1953年	48	19	47	18	48	19	49	20	51	21	52	22
1954年	53	24	52	23	53	24	54	25	56	26	57	27
1955年	58	29	57	28	58	29	59	30	1	31	2	32
1956年	3	34	3	34	4	35	5	36	7	37	8	38
1957年	9	40	8	39	9	40	10	41	12	42	13	43
1958年	14	45	13	44	14	45	15	46	17	47	18	48
1959年	19	50	18	49	19	50	20	51	22	52	23	53
1960年	24	55	24	55	25	56	26	57	28	58	29	59
1961年	30	1	29	0	30	1	31	2	33	3	34	4
1962年	35	6	34	5	35	6	36	7	38	8	39	9
1963年	40	11	39	10	40	11	41	12	43	13	44	14
1964年	45	16	45	16	46	17	47	18	49	19	50	20
1965年	51	22	50	21	51	22	52	23	54	24	55	25

年＼月	1月	2月	3月	4月	5月	6月	7月	8月	9月	10月	11月	12月
1966年	56	27	55	26	56	27	57	28	59	29	0	30
1967年	1	32	0	31	1	32	2	33	4	34	5	35
1968年	6	37	6	37	7	38	8	39	10	40	11	41
1969年	12	43	11	42	12	43	13	44	15	45	16	46
1970年	17	48	16	47	17	48	18	49	20	50	21	51
1971年	22	53	21	52	22	53	23	54	25	55	26	56
1972年	27	58	27	58	28	59	29	0	31	1	32	2
1973年	33	4	32	3	33	4	34	5	36	6	37	7
1974年	38	9	37	8	38	9	39	10	41	11	42	12
1975年	43	14	42	13	43	14	44	15	46	16	47	17
1976年	48	19	48	19	49	20	50	21	52	22	53	23
1977年	54	25	53	24	54	25	55	26	57	27	58	28
1978年	59	30	58	29	59	30	0	31	2	32	3	33
1979年	4	35	3	34	4	35	5	36	7	37	8	38
1980年	9	40	9	40	10	41	11	42	13	43	14	44
1981年	15	46	14	45	15	46	16	47	18	48	19	49
1982年	20	51	19	50	20	51	21	52	23	53	24	54
1983年	25	56	24	55	25	56	26	57	28	58	29	59
1984年	30	1	30	1	31	2	32	3	34	4	35	5
1985年	36	7	35	6	36	7	37	8	39	9	40	10
1986年	41	12	40	11	41	12	42	13	44	14	45	15
1987年	46	17	45	16	46	17	47	18	49	19	50	20
1988年	51	22	51	22	52	23	53	24	55	25	56	26
1989年	57	28	56	27	57	28	58	29	0	30	1	31
1990年	2	33	1	32	2	33	3	34	5	35	6	36

年＼月	1月	2月	3月	4月	5月	6月	7月	8月	9月	10月	11月	12月
1991年	7	38	6	37	7	38	8	39	10	40	11	41
1992年	12	43	12	43	13	44	14	45	16	46	17	47
1993年	18	49	17	48	18	49	19	50	21	51	22	52
1994年	23	54	22	53	23	54	24	55	26	56	27	57
1995年	28	59	27	58	28	59	29	0	31	1	32	2
1996年	33	4	33	4	34	5	35	6	37	7	38	8
1997年	39	10	38	9	39	10	40	11	42	12	43	13
1998年	44	15	43	14	44	15	45	16	47	17	48	18
1999年	49	20	48	19	49	20	50	21	52	22	53	23
2000年	54	25	54	25	55	26	56	27	58	28	59	29
2001年	0	31	59	30	0	31	1	32	3	33	4	34
2002年	5	36	4	35	5	36	6	37	8	38	9	39
2003年	10	41	9	40	10	41	11	42	13	43	14	44
2004年	15	46	15	46	16	47	17	48	19	49	20	50
2005年	21	52	20	51	21	52	22	53	24	54	25	55
2006年	26	57	25	56	26	57	27	58	29	59	30	0
2007年	31	2	30	1	31	2	32	3	34	4	35	3
2008年	36	7	36	7	37	8	38	9	40	10	41	11
2009年	42	13	41	12	42	13	43	14	45	15	46	16
2010年	47	18	46	17	47	18	48	19	50	20	51	21
2011年	52	23	51	22	52	23	53	24	55	26	56	26
2012年	57	28	57	28	58	29	59	30	1	31	2	32
2013年	3	34	2	33	3	34	4	35	6	36	7	37
2014年	8	39	7	38	8	39	9	40	11	41	12	42
2015年	13	44	12	43	13	44	14	45	16	46	17	47

年＼月	1月	2月	3月	4月	5月	6月	7月	8月	9月	10月	11月	12月
2016年	18	49	18	49	19	50	20	51	22	52	23	53
2017年	24	55	23	54	24	55	25	56	27	57	28	58
2018年	29	0	28	59	29	0	30	1	32	2	33	3
2019年	34	5	33	4	34	5	35	6	37	7	38	8
2020年	39	10	39	10	40	11	41	12	43	13	44	14
2021年	45	16	44	15	45	16	46	17	48	18	49	19
2022年	50	21	49	20	50	21	51	22	53	23	54	24
2023年	55	26	54	25	55	26	56	27	58	28	59	29
2024年	0	31	0	31	1	32	2	33	4	34	5	35
2025年	6	37	5	36	6	37	7	38	9	39	10	40
2026年	11	42	10	41	11	42	12	43	14	44	15	45
2027年	16	47	15	46	16	47	17	48	19	49	20	50
2028年	21	52	21	52	22	53	23	54	25	55	26	56
2029年	27	58	26	57	27	58	28	59	30	0	31	1
2030年	32	3	31	2	32	3	33	4	35	5	36	6
2031年	37	8	36	7	37	8	38	9	40	10	41	11
2032年	42	13	42	13	43	14	44	15	46	16	47	17
2033年	48	19	47	18	48	19	49	20	51	21	52	22
2034年	53	24	52	23	53	24	54	25	56	26	57	27
2035年	58	29	57	28	58	29	59	30	1	31	2	32
2036年	3	34	3	34	4	35	5	36	7	37	8	38

出生時間帯	日干				
	甲・己	乙・庚	丙・辛	丁・壬	戊・癸
0時～0時59分	甲子	丙子	戊子	庚子	壬子
1時～2時59分	乙丑	丁丑	己丑	辛丑	癸丑
3時～4時59分	丙寅	戊寅	庚寅	壬寅	甲寅
5時～6時59分	丁卯	己卯	辛卯	癸卯	乙卯
7時～8時59分	戊辰	庚辰	壬辰	甲辰	丙辰
9時～10時59分	己巳	辛巳	癸巳	乙巳	丁巳
11時～12時59分	庚午	壬午	甲午	丙午	戊午
13時～14時59分	辛未	癸未	乙未	丁未	己未
15時～16時59分	壬申	甲申	丙申	戊申	庚申
17時～18時59分	癸酉	乙酉	丁酉	己酉	辛酉
19時～20時59分	甲戌	丙戌	戊戌	庚戌	壬戌
21時～22時59分	乙亥	丁亥	己亥	辛亥	癸亥
23時～23時59分	丙子	戊子	庚子	壬子	甲子

あとがき

二柱で読み解く四柱推命、お読みになっていかがでしたでしょうか。「四柱推命は難しい」と感じている方でも、本書の日柱と時柱の解説を、気軽に読んでいただけたのではないかと思います。本書は占い方を学ぶ本ではなく、楽しく読んで本当の自分を知ってもらうための本だからです。

ご自分のことだけではなく、ぜひ家族や恋人、片想い中の人、友人知人の星も調べて、片っ端から読まれてみることをお勧めします。それによってその人の性質が透けて見え、「何故、あの人はあんな行動を取るのだろう?」という理由が見えてくるためです。

人間は……特にまだ人生経験の少ない若い頃は、「自分の人生観は、世の中で一番正しい」と信じているものです。例えば、有名になって大勢に注目されることを熱望している人は、家族の世話に明け暮れている人を見て、「なんて退屈な生き方をしているのだろう」と感じるかもしれません。何かを徹底的に愛することを究極の幸せだと思う人は、勉強に集中している人を見て、「寂しい生き方をしているなあ」と不思議に思うかもしれません。

それでも本書を読まれるとわかるように、最低でも六十干支分の60種類の人生目標が存在しています。人が未来の理想として掲げる世界は、千差万別なのです。それを実感できるだけで、人間への理解が深まるのではないでしょうか。

自分の本質を表す日柱と、理想の自分を表す時柱の性質を、よく頭の中に入れておくことをお勧めします。それだけで自分自身が目指すべき未来や、やるべきことが見えてきて、人生上の迷いが減るのではないかと考えています。

幸いなことに、今まで大変多くの占術本を執筆させていただきましたが、今回初めて、四柱推命の本を書かせていただきました。命術の中でも特に東洋系の占術本は、占い界の重鎮である大ベテランの方が書くものだという印象が強く、しばらくの間迷いがありました。しかし、説話社の取締役CEOである高木利幸さんの勧めにより、こうして初の東洋占術の本を書き上げることができました。書いてみると意外と楽しく、占い師歴32年目にして、新しい領域が広がっていく感覚を味わっている次第です。

良い機会をくださり、今回も編集をご担当いただきました高木利幸さん、素敵な本に仕上げてくださったデザイナーの市川さとみさん、そして今まで鑑定を受けてくださり勉強の機会を与えてくださったお客様方、そして今この本を手にしてくださっているあなたに、心からの感謝を申し上げます。

「人間は、『時柱（じちゅう）』を目指して生きていく」――その言葉をいつでも頭の片隅に入れ、未来に希望の光を見出していただければ、著者としてそれ以上に嬉しいことはありません。本当にありがとうございました。

二〇二三年二月十五日　藤森緑

参考文献

小山眞樹代著『完全独習版　子平推命』（説話社、２０１０年）
富永祥玲著、大石眞行監修『説話社占い選書７　はじめてでもよくわかる！　四柱推命』（説話社、２０１６年）
三木照山著『最新版　四柱推命の完全独習』（日本文芸社、２００５年）
秋山勉唯絵著『ズバリ当たる　四柱推命がわかる本』（日本文芸社、２０００年）
紫芳蘭著、田口二洲監修『ズバリ的中！　運命のすべてを導き出す四柱推命入門』（高橋書店、１９９９年）

著者紹介

藤森　緑
（ふじもり・みどり）

1992 年からプロ活動を開始し、占い館や占いブース、電話鑑定等で 2 万人近くを鑑定。雑誌掲載、イベント出演、占い原稿執筆経験も多数。現在、通信教育講座「キャリアカレッジ・ジャパン」にて、タロット占いの講師を受け持ち、日々質問に回答している。著書は 20 冊以上。主な著書に『実践トート・タロット』『実践タロット占い』（共に説話社）がある。

https://www.fortune-room.net/fuji/

日柱(にっちゅう)と時柱(じちゅう)の二柱(にちゅう)で読(よ)み解(と)く

四柱推命(しちゅうすいめい)

発行日　2023年7月20日　初版発行

著　者　藤森　緑

発行者　高木利幸

発行所　株式会社説話社
〒169-8077 東京都新宿区西早稲田1-1-6
https://www.setsuwa.co.jp

デザイン　市川さとみ

印刷・製本　中央精版印刷株式会社

ISBN 978-4-910924-13-7　C2011